미친 노인이 되라

이응석

미친 노인이 되라

1판 1쇄 2007년 7월 20일
1판 2쇄 2008년 9월 25일

지 은 이 이응석
펴 낸 이 손형국
펴 낸 곳 (주)에세이퍼블리싱
출판등록 2004.12.1(제315-2008-022호)

주   소 157-857 서울특별시 강서구 방화3동 822-1
          화이트하우스 2층
홈페이지 www.essay.co.kr
전화번호 (02)3159-9638~40
팩   스 (02)3159-9637

ISBN 978-89-6023-130-6 03810

이 책의 판권은 지은이와 (주)에세이퍼블리싱에 있습니다.
내용의 일부와 전부를 무단 전재하거나 복제를 금합니다.

미친 노인이 되라

이응석

머리말

　불광불급(不狂不及). 미치지 않으면 미치지 못한다. 지금까지 미적지근한 삶을 살았다면 이제는 마지막 불꽃을 피울 때다. 노년에 이르러 제대로 한번 미친 듯 살아 보라. 미쳐야 미칠 수 있다. 늙음은 소모품이나 폐품이 아니다. 인생의 또 다른 황금기일 뿐이다. 내가 할 수 있는 일, 내가 좋아하는 일을 마음껏 펼칠 수 있는 절호의 기회를 맞은 셈이다. 경제학의 대가 피터 드러커는 생애 최고의 전성기를 60세부터 30년간이라고 늘 말하곤 했다.

　지금까지는 가족 부양에 목숨을 걸었다. 그러나 이제는 모두 둥지를 떠나고 아내와 둘만 남는다. 외롭고 쓸쓸함이 찾아온 게 아니라 일생일대의 찬스가 찾아 온 것이다. 나의 일을 할 수 있는 나만의 시간이다. 미쳐야 노년이 즐겁다. 미쳐야 건강하다. 미쳐야 보람이 따른다. 일에 미치고 사랑에 미치고 봉사에 미쳐라. 마음껏 그리고 제대로 한번 미쳐 보라. 지금껏 가슴 죄며 꿈틀거리는 욕망을 억누른 채 어디 한 번 제대로 빠져 본 적 있는가. 이제는 자신을 위하여 제대로 한 번 미쳐 볼 수 있는 시간을 소유했다. 지금도 소유한 그대의 시간을 망설임으로 흘려버린다면 다시는 황금의 시간을 만나지 못한다. 영원히. 아직 축제는 끝나지 않았다. 생애 최고의 날들은 이미 써버린 날이 아니라 앞으로 써야 할 날들이다. 아름다운 미지의 세계가 당신 앞에 펼쳐진다. 전인미답의 길을 걸으며 행복과 기쁨을 줍자.

호기심으로 가득한 머리와 흥분으로 뜀박질하는 심장이 있는 한 그래도 인생은 살아 볼만한 곳 아닌가. 오늘 밤 잠들었다가 내일 아침 깨어나지 않아도 여한이 없도록 오늘 하루도 미련 없이 즐기길 바란다.

2000년도 65세 이상의 노인 인구가 150만 명이었던 것이 2006년도엔 430만 명, 20년 후엔 천만 명에 육박할 것이란 통계청 발표다. 전 인구의 20%, 걸어 다니는 5명 중 1명은 노인이다. 문제는 고령화 사회, 고령사회로 진입하는 데 세계 그 유례를 찾기 힘들 만큼 빠른 속도로 진행한다는 것이다. 당사자는 물론 국가나 사회 모든 시스템이 이 노인 인구의 증가 속도를 따르지 못하는 데서 온갖 부작용이 발생한다. 빈약한 사회보장제도, 급격한 핵가족화가 노인들 자살의 급증을 불러 오고 고독과 소외감과 토사구팽 식 용도 폐기처분 되는 현실에 안타까워하며 초조한 마음속에 갇혀 있는 것이다. 어디를 둘러봐도 활기찬 노인을 찾기 어렵다. 어느 날 갑자기 왜 이런 상황에 빠져야 되며 무기력감에서 벗어나지 못하고 있는가.

 필자는 지난해 환갑을 맞아 전국 일주 도보 여행을 감행했다. 해안을 따라 전국을 두발로 걸었다. 87일간 무려 2765km를…. 아름다운 추억을 가슴에 차곡차곡 쌓으며 망원경으로 바라보는 게 아니고 현미경으로 샅샅이 훑었다. 필요하면 CT 촬영도 했다. 그리고 나를 돌아보았다. 나는 누구며 나는 지금 어디로 가고 있는가.

 가슴엔 행복이 쌓였고 심장은 흥분으로 뛰었다. 이 일을 행하지 않고 죽음을 맞았다면 나는 얼마나 불행했을까, 아니 얼마나 서글펐을까를 되뇌었다. 트레킹화 밑창과 지팡이 트레커를 세 번씩이나 갈아주며 370만 보를 걸었다. 이 일을 해낸 내 다리 중 한 쪽은 멀쩡한 다리가 아니다. 1999년 4월 25일, 등반사고로 무릎이 깨져 4번에 걸쳐 대 수술을 한 다리다. 다리를 자르느냐 마느냐의 중대한 순간을 맞기도 했다. 가족은 말렸고 의사는 중단을 촉구했다. 이루 말할 수 없는 고통이 포기를 강요하며 압박했다. 경고등이 수도 없이 켜졌지만 무시했다. 나는 이미 미련하고 못난 곰으로 변해 있었다. 그리고 기어이 해냈다.

그 때 할 수 있다는 자신감이야말로 얼마나 중요한지 절실하게 느꼈다. 노인이 안 되는 사람은 아무도 없지만 노인에 대해서는 얼마나 무지한지 모르겠다. 노인은 선택 받은 사람이다. 축복 받은 사람만이 노인에 도달할 수 있다. 노인은 누구나 될 수 있는 게 아니다. 축복 받은 자들이여! 나만의 보너스 시간을 어떻게 채울 것인가. 흥미진진한 로드맵이 그대 앞에 펼쳐진다.

지금까지 수많은 세월을 살아오며 누구나 극심한 혼란과 뼈아픈 좌절을 경험했다. 그럼에도 포기하지 않는 용기와 오기로 지금 그 자리에 우뚝 서 있다.

이제 '백 년 인간'의 시대가 온다. 누구에게나 복습도 예습도 없는 단 한번뿐인 인생에서 2막을 시작하고 꿈을 실현

한다는 것은 우리 인생의 전성기를 다시 새롭게 만드는 가슴 벅찬 일이다. 과거엔 오래 사는 것이 축복이었다. 하지만 이젠 준비 되지 않은 노년은 재앙이다. 구조 조정의 칼날을 피해 용케 60세까지 일을 하더라도 20~30년을 소득 없이 살아야 한다. 오래 사는 것이 축복이 아닌 위험한 시대다.

어떤 길을 가도 죽음을 피해 갈 수는 없다. 우리 인생에서 단 하나 확실한 것이 있다면 바로 이점이다. 이를 받아들이면 현명해진다. 매일 생각을 하고 행동을 할 때 죽음을 약간씩만 생각한다면 지금 현재에 집중하고 살게 된다. 탄생과 죽음이 하나의 과정이듯 젊음과 늙음도 하나의 과정이다. 우리는 그 과정 속에 있는 것이다.

나이 들어가면서 자신을 가장 힘들게 하는 것은 '초조함'이다. 느긋한 출근길에선 빨간 신호등이 아무렇지도 않다. 막 떠난 전철을 만나도 엘리베이터를 만나도 '재미있는 머피의 법칙에 걸렸구나' 생각하면 그만이다. 그러나 5분쯤 늦게 집을 나섰을 때는 상황이 달라진다. 자신도 모르게 운전이 거칠어지고 조급증이 생긴다. 빨간 신호등은 1시간처럼 느껴지고 전철은 오늘따라 파업한 날처럼 모습을 보이지 않는다.

노인들의 '초조함'은 빠른 속도로 변하는 몸의 상태(각종 노화현상)때문이리라. 몸 이곳저곳에 나타나는 늙음의 증표들, 이를 테면 주름, 백발, 가늘어지고 빠지는 머리카락, 기미, 저승 꽃, 가냘픈 어깨, 가늘어져 가는 다리, 침침한 눈, 통증이 수반 되는 치아, 떨어지는 성기능, 잦은 소변, 가늘고 힘없는 소변줄기, 탁하고 마른 음성, 툭하면 걸리는 감기, 친구의 사망 소식, 주차장에서 차 찾기, 두고 나온 핸드폰 찾기, 어휘가 생각나지 않아 쩔쩔 매는 일 등 이루 헤아릴 수 없는 늙음 현상들과 맞닥뜨린다. 이런 것들이 초조함을 부채질한다. 초조함은 밀물처럼 몰려온다. '귀밑에 해묵은 서리를 녹여 볼까 하노라' 며 염색약을 바르기도 하지만 보름 후면 다시 원래 모습으로 돌아난다. 단풍 든 잎사귀에 초록색 물감을 발라야 아무 소용없듯 그 단풍 자체를 즐기는 것만이 최상일 뿐이다.

이렇듯 생각을 조금만 바꾸면 된다. 이런 현상들이 나에게만 찾아오는 게 아니라는 데서 우선 위안 삼는다. 시간은 언제나 같다. 1시간은 60분, 하루는 24시간, 맞서지 말고 순응하면 오히려 여유가 생긴다. 노인이 된 것만 해도 자랑스럽고 축복 받을 일이다. 누구나 다다를 수 있는 게 아니지 않은가. 미지의 세계에 발자국을 남기기 위해선 끝까지 강인한 체력을 견지 하는 것만이 최고며 최선이다. 끊임없이 갈고 닦아야 함은 물론이다.

　베링 해협을 횡단하기 위하여 살을 에는 추위에도 아랑곳 하지 않고 얼음물 속에서 훈련하는 박영석 대장과 대원들을 보았는가. 눈밭에서 맨몸으로 뒹굴며 훈련에 여념이 없는 특전사대원들의 우람한 체구를 보았는가. 노인들이 그렇게까지는 아니더라도 그 연령에 걸맞은 최고의 몸을 만들라. 어떤 희망도 기쁨도 건강의 조건이 충족되지 않으면 모두 허사다. 명심 또 명심해야 한다. 앞마당에 싱싱하던 풀들은 낙엽의 계절을 만나 편히 누웠다. 푸릇하던 얼굴은 흙색을 띠었다. 이 세상에서 저 세상으로 넘어가는 낙엽들이 떨어지고 있다. 무거워 떨어지는 것이 아니라 가벼워 떨어지는 것이다. 탄생과 죽음은 삶의 일부일 뿐이다.

　산악 그랜드슬램을 달성한 박영석씨는 1%의 가능성만 있으면 도전한다고 했다. 우리의 남은 날들을 도전으로 채우자. 누구도 피해갈 수 없는 늙음이다. 그렇다면 어떻게 하면 아름다운 노년을 맞을 수 있을까. 어떻게 하면 멋진 노인으로 살아 갈 수 있을까를 진지하게 고민해야 한다. 필자는 노인문제 전문가도 박사도 아니다. 평범한 은행원 출신이다. 명퇴를 하고 10여 년 동안 명함을 43번이나 바꿨다. 중소기업을 운영하던 3년여를 빼고는 혹독한 고난의 시간들이었다. 기획부동산, 트럭운전, 택시운전, 건설현장 막일까지 닥치는 대로 일했다. 건강 하나 만큼은 자신 있기에 어떤 두려움도 없었다. 처음엔 노루 꼬리만 한 자존심 때문에 소위 3D 업종은 망설였다. 그래서 책도 출간해 보았고 언론사에 기고도 하며 상당기간 품위 있게 보내기도 했다. 그러나 그것은 빵을 해결하는 데는 별 도움이 되지 못했다. 그런 고통들을 모두 뒤로 한 채 지금은 건설회사의 자문역을 맡아 현업에서 활발하게 활동하고 있다.

'질풍경초'(疾風勁草), 센 바람이 불어야 강한 풀을 분별할 수 있듯 고통과 시련은 나를 단단하게 만들어 주었다. 시냇가 나무 같이 뿌리가 약하던 나를 바위 위에 소나무처럼 바꿔 놓았다. 그런 나에겐 용기가 생겼다. 두려움도 없어졌다. 어떤 상황에서도 헤쳐 나갈 수 있는 자신감은 보너스다. 노후대책이란 게 별 것 아니다. 건강한 몸과 자신감과 용기만 있다면 노후생활은 걱정 없다는 확신이 선다. 지금까지 감기에 걸린 적이 없다. 춘곤증이니 피로 같은 어휘는 잘 모른다. 밥맛은 늘 꿀맛이다. 지금까지 개소주 한 숟가락 먹지 않았다. 지도책에 나와 있는 산은 모조리 섭렵했다. 자전거로 전국을 돌았다. 지난해에는 도보로 전 국토를 밟았다. 마라톤 완주를 수십 회 했다. 마지막에 웃는 자가 최후의 승자라는 확실한 신념을 가졌다. 그것은 건강한 자만이 가질 수 있는 특권이기도 하다. 그 고지를 향해 철저하게 몸 관리를 했다.

　내가 이렇게 이야기 하면 '입바른 소리 하지 마라', '건강 자랑은 하는 게 아니다' 라며 비아냥 섞인 질책도 수 없이 받았다. 팔불출이란 소리도 들었다. 그러나 이젠 그와 같은 소리엔 신경 쓰지 않기로 했다. 오히려 중차대한 사명감으로 이야기할 때라 여긴다. 동시대를 함께 호흡하며 살아가는 노인, 그리고 노인이 될 모든 젊은이들과 정보를 공유하며 그들을 위해 뭔가를 이야기하고 싶다.

　건강만 충족되면 모든 문제는 해결할 수 있다. 필자는 금년에 예순 두 살이다. 지난해엔 우주인 신청을 했다. 3만 6206명 중 한 명이 되었다. 영어 회화에서 보기 좋게 낙방했지만 2500명 속에 든 것만으로도 신명 나는 일이었다. 젊은이와 함께하는 체력테스트도 즐거웠고 서울고등학교에서 치른 상식시험도, 오랜만에 만난 책걸상도, 40여 년 전의 아련한 추억이 떠올라 기분 좋은 흥분에 젖을 수 있었다. 짬짬이 드럼도 배웠다. 나는 선천적으로 매우 부지런하다. 일찍 자고 일찍 일어난다. 한 시도 육체와 뇌를 내버려 두지 않는다. 그 와중에 특허출원을 두 개나 했다. 그 중 하나는 등록을 마치고 등재를 위한 기술평가에 들어가 있다. 금년엔 팀을 구성하여 2년간의 일정으로 유인도 514개에 대한 탐사계획이 구체화 되는 단계다. 1년에 2회 이상 마라톤 대회도 참석한다. 대기업 D회사에 매출 증대를 위한 아이디어도 제출해 놓았다. 대관령을 국내는 물론 세계적인 명소를 만들기 위한 아이디어를 도 문화 관광국에 제출해 놓았다.

 이렇듯 할 일이 끊임없이 이어진다. 시간을 아무리 잘게 썰어도 모자란다. 수면시간 6시간은 더 이상 줄일 수 없다. TV는 아예 볼 엄두조차 못 낸다. 예순 다섯쯤 되면 고향으로 내려가 움막 집 지어 놓고 산새와 풀벌레를 벗 삼으며 약간의 가축을 친구로 하고 생명의 끝 날까지 졸필로 생활할 심산이다. 계획대로 된다면 고향마을에 아담한 도서관 하나 짓는 게 마지막 꿈이다. 계획이 어그러지면 '책 읽는 사랑방' 수준으로라도 만들 생각이다. 꿈을 잃지 않기 위해서다. 이 같은 활동들은 체력이 뒷받침하고 있기 때문임은 두 말할 나위가 없다. 이 체력은 30여 년이 넘도록 꾸준히 해온 운동 덕분이다.

 노인이 되기도 어렵지만 노인답게 늙는다는 것은 더욱 어렵다. 이제는 시간이 빠른 속도로 지나간다. 한정된 시간 속에 어떻게 하면 잘 늙을 수 있을까. 어떻게 하면 멋진 노인으로 살아 갈 수 있을까를 고민하지 않을 수 없는 오늘의 현실이다. 누구에게나 각자의 삶이 있게 마련이다. 그 모양과 상황에 따라 그 삶을 개척하고 운영해야 된다. 누가 제시하든 모범 답안은 존재하지 않는다. 획일적인 대입도 불가능하다. 해야 할 것들과 하지 말아야 할 것들은 각자의 삶 속에서 적절히 정제되고 여과되어야 한다. 그렇게 해서 순 정품을 만들어 나가면 된다. 내가 이 책을 쓴 목적도 어깨 처진 노인들을 그냥 바라만 볼 수 없는 안타까운 현실에 작은 도움이라도 되었으면 해서다.

 제 1장에선 나이 들어가면서 해야 될 일, 마흔 일곱 가지 (47 하라)를 제시했다. 나머지 삶을 보람과 의미로 채우기 위해서다. 제 2장에선 최소한 '이렇게는 늙지 말아야지' 하는 다짐, 말하자면 나이 들어가면서 해서는 안 될 일 스무

가지(20 마라)를 제시했고, 제 3장에선 젊은이와 조화롭게 살아가는 방법을 고뇌해 보았다.

　멸시의 대상, 외면의 대상, 성 쌓고 남은 돌 같은 천덕꾸러기가 아니라 존경의 대상, 닮고 싶은 대상으로 건강한 삶, 기쁨의 삶이 함께하는 멋진 생의 마침표를 찍는 데 이 책이 조금이라도 도움이 되었으면 하는 간절한 바람이다.

머리말 _ 4

제1장
나이 들면서 해야 될 일 마흔일곱 가지(47하라)

1. 공부하라 _ 22
2. 여행하라 _ 24
3. 등산하라 _ 26
4. 근육운동 하라(특히 심장근육과 하체근육) _ 28
5. (매년) 건강검진 하라 _ 32
6. 육체노동 하라 _ 34
7. 대화하라 _ 36
8. 봉사하라 _ 38
9. 몸과 의복을 항상 깨끗이 하라 _ 40
10. 유머를 즐겨 사용하라 _ 42
11. 자신 있게 행동하라 _ 44
12. 운동하라 _ 46
13. 얼굴을 관리하라 _ 58
14. 느리고 단순해져라 _ 61
15. 긍정적 사고를 갖도록 하라 _ 64

16. 적극적 사고를 갖도록 하라 _ 65
17. 문무를 겸비하라 _ 66
18. 변화를 즐기도록 하라 _ 69
19. 늙음 자체를 재미있다고 생각하라 _ 71
20. 유머 있는 친구를 많이 갖도록 하라 _ 73
21. 강한 스태미너를 소유하라 _ 74
22. 최소한의 벌이라도 하라 _ 79
23. 새로운 화제를 많이 갖도록 하라 _ 82
24. 첫 경험을 많이 하라 _ 83
25. 지금 당장 30, 40년을 설계하라 _ 84
26. 지기의 브랜드 가치를 높이도록 하라 _ 86
27. 자기만의 성을 구축하라 _ 88
28. 부지런 하라 _ 90
29. 인내하고 또 인내하라 _ 93
30. 취미를 갖도록 하라 _ 97
31. 이 세상 모든 것을 사랑하라 _ 99
32. 칭찬하라 _ 102
33. 모든 허물을 용서하라 _ 104
34. 부드럽고 여유를 갖도록 하라 _ 105
35. 음악을 듣도록 하라 _ 106
36. 비만 관리 하라 _ 108

37. 기도하고 명상하라 _ 112
38. 아내를 사랑하라 _ 114
39. 지갑은 열고 입은 닫도록 하라 _ 116
40. 시간 관리를 잘 하라 _ 119
41. 3080의 고지를 점령하라 _ 121
42. 웰다잉(참죽음)을 준비하라 _ 128
43. 자서전을 쓰도록 하라 _ 131
44. 인생을 즐기도록 하라 _ 134
45. 끝까지 활력을 유지하라 _ 135
46. 나이답게 처신하라 _ 138
47. 모두 다 행복하라 _ 143

제2장
나이 들어가면서 해서는 안 될 일(20 마라)

1. 잠을 많이 자지 마라 _ 152
2. 공원에 가지 마라 _ 156
3. 술 마시지 마라 _ 158
4. 담배 피우지 마라 _ 160
5. 집에 있지 마라 _ 163

6. TV 보지 마라 _ 165

7. 공공장소에서 큰 소리 치지 마라 _ 168

8. 늙은 체하지 마라 _ 170

9. 돈 자랑하지 마라 _ 173

10. 도박하지 마라 _ 176

11. 참견하지 마라 _ 179

12. 매사에 비판적이지 마라 _ 181

13. 남을 흉보지 마라 _ 183

14. 변화를 두려워 마라 _ 185

15. 옛날이야기 하지 마라 _ 187

16. 꿈을 잃지 마라 _ 189

17. 경로우대권 좋아하지 마라 _ 191

18. 늙음에 맞서지 마라 _ 193

19. 고집 부리지 마라 _ 195

20. 남 탓하지 마라 _ 197

제3장
젊은이에게 주는 글 스물여섯 가지

젊은이에게 주는 메시지 스물여섯 가지 _ 200

제1장
나이 들면서 해야 될 일 마흔일곱 가지(47하라)

> 여기에 실린 '47 하라'는 누구나 행동으로 옮길 수 있는 내용들이다. 할 수 있다는 의지만 있으면 쉽게 도달할 수 있으며 멋진 늙음에 한 발짝 다가선다.
> 특히 많은 지면을 할애하면서 건강 얘기를 줄기차게 강조한 것은 그 중요성과 절대성 때문이다. 이 항목이 무시되면 어떤 항목도 존재이유가 없다. 굳은 결심과 행하겠다는 의지만이 그대의 노후를 기쁨으로 맞는다.

1. 공부하라

공부는 학생 때에만 한다는 편견을 버려야 한다. 평생교육, 전인교육은 더 이상 낯선 말이 아니다. 뇌에 끊임없이 일거리를 제공하라. 그럴수록 뇌는 춤춘다. 치매 예방의 기본적인 세 가지는 다작(多作) 다보(多步) 다독(多讀)이다. 치매와는 자연스레 멀어진다. 평생교육으로 뇌를 놀게 내버려두지 마라. 먹고 살기에 바빠 내가 하고 싶은 것에 단 1분이라도 투자한적 있는가. 이제는 내 세상이다. 미당 선생은 세계의 최고봉 1625개를 매일 외며 뇌를 잠재우지 않았다. 그리고 수명이 다할 때까지 작품 활동에 매달렸다. 57세에 대한민국 퀴즈 왕이 된 박영자 주부, 65세에 시인이 된 정평림 인하대 교수, 71세에 미 대통령이 된 레이건, 78세의 나이로 최고령 우주인이 된 존 클렌, 81세의 나이에 낙하산 점프를 즐기는 부시 전 미 대통령, 81세에 불후의 명작 파우스트를 쓴 괴테, 텔레그래프지의 최장수 현역 기자 디디스 씨는 93세다. 92세까지 그림을 그린 피카소, 80세 이후에도 하루 12시간씩 그림을 그린 모네가 있는가 하면 경영학의 대가인 피터 드러커는 60세부터 30년간이 자신의 전성기였다고 늘 말하곤 했다. 나이가 많아서 또는 시간이 없어서 같은 핑계는 대지 말자. 차라리 나는 게으름뱅이라고 고백하는 편이 훨씬 솔직하다.

2. 여행하라

 여행은 참으로 유익하다. 보고 즐기는 단순한 의미는 물론 나를 찾아 떠나는 길이기도 하다. 인간은 자기 자신을 찾기 위한 여정을 통해 존재의 의미를 확인하며 자유와 행복을 얻는다. 인간이 할 수 있는 일 중에서 자신을 찾아 나서는 여행보다 더 값진 것은 없다. 프랑스의 르몽드지 기자출신의 베르나르 올리비에는 63세의 나이로 터키의 이스탄불에서 중국의 시안(실크로드)까지 1만 2400km를 1099일 동안 걸었다. 컴퓨터 기술자와 플루트 교사를 지낸 미국의 켄 파워스, 마샤 파워스의 60대 은퇴 부부는 231일 동안 미국의 동서 7886km를 횡단하였다. 얼마나 멋진가. 중요한 것은 우리가 어디에 있는가가 아니라 어디를 향해 가고 있는가

이다. 우리가 어떻게 살아야 할 것인가를 심도 있게 고민해야 한다. 구전 받지 않는 브로커는 '술'이요, 학원비 받지 않는 과외선생은 '여행'이다. 관광도 좋지만 여행을 권하고 싶다.

3. 등산하라

충북 음성군 금왕읍에 사시는 최범식 씨는 72세의 나이로 북미 최고봉 매킨리 봉(6194m)에 도전했다. 목표는 '최고령 등정' 기록을 세우는 것이다. 지금까지의 기록은 미국인 마리오 로카텔리가 세운 것으로 71세다. 멋지고 아름다운 도전이다. 나이 따윈 필요 없다. 게으른 자의 변명 따위엔 귀 기울이지 말자.

중요한 것은 자연과의 잦은 만남이다. 우리는 자연에서 와 자연으로 돌아간다. 천상병 시인의 시 '귀천'에서의 읊조림처럼 우리는 잠깐 소풍놀이 왔다 돌아간다. 우리의 터전을 외면하고 겉돌아서는 안 된다. 산행으로 자연과 친숙해지자. 우리의 영원한 안식처로 돌아 갈 때 어색하지 않도록 하자. 덤으로 얻어지는 부산물은 또 얼마나 많은가. 은백색 머리카락을 휘날리며 설악산 지리산 종주등반을 시도해 보라. 한반도의 등뼈 태백산맥 마루금을 밟고 올라서 보아라. 어떤 감동이 그대 가슴을 치는지.

4. 근육운동 하라
(특히 심장근육과 하체근육)

노후 삶의 질을 결정적으로 좌우한다. 모든 운동은 필수다. 그러나 이 핑계 저 핑계로 게으름을 피운다. 직장을 떠나 30~40년 더 살아야 하는 세상이 되었다.

노후 건강을 위협하는 것은 막히거나 터지는 혈관질환이다. 뇌일혈 뇌출혈 뇌졸중 심근경색 심근판막 같은 것들이다. 돌연사 아니면 심각한 후유 장애에 시달린다. 이것을 예방하려면 혈압, 혈당, 콜레스테롤(HDL, LDL)을 잘 관리해야 한다. 기본적으로 적정 수치를 알아야 함은 물론 해결책에 게을리 하지 말아야 한다.

세 마리 토끼를 잡는 확실한 방법은 만보계 착용이다. 천천히 그리고 오래하는 운동이라야 하며 하루 만보를 실행해야 한다. 둘째는 금연과 절주다. 셋째는 소식이다. 소식이란 부피의 개념이 아니고 칼로리 개념이다(예: 채소는 부피는 크지만 칼로리는 적다. 반대로 초콜릿은 부피는 작아도 칼로리는 많다).

이렇듯 혈관 질환, 특히 심장근육은 참으로 중요하다. 모든 노화가 피의 흐름과 연관되었으며 성인병 거의 모두는 심장기능과 관련 있다. 혈행을 좋게 하고 돌연사를 비롯한 심장 관련 질환을 예방하기 위해선 심장근육 강화만이 최선이다. 나이 들어 나타나는 현상 중 대표적인 것 중 하나는 남성 호르몬(테스토스테론)의 분비량은 줄고 여성 호르몬(에스트로겐)은 늘어나 뼈의 칼슘량과 근육량이 빠른 속도로 빠져 나가 운동을 해도 젊을 때처럼 근육이 잘 형성되지 않는다. 이를 위해선 균형 있는 식사는 물론 운동으로 근육량과 골 밀도를 높여야 한다는 점이다.

특히 하체(대퇴부)근육 강화를 위해 꾸준한 노력을 기울여야 한다. 이승엽 선수가 일본 프로야구에서 통하는 이유는 그의 표현대로 '진정한 노력은 절대 배반하지 않는다'에서 알 수 있듯 성실한 자세와 꾸준한 노력의 결과다. 한편 홈런을 휘두르는 그의 힘의 원천은 헬스로 다져진 그의 허벅지 크기에서 비롯된다는 게 전문가들의 일치된 견해다.

무려 28인치, 71cm이고 보면 통통한 여성의 허리둘레와 맞먹는다. 프로골퍼 최경주나 박세리도 엄청난 하체의 소유자들이다. 먹느냐 먹히느냐의 냉혹한 프로의 세계에서 살아남기 위해선 하체의 힘을 필수적으로 길러야 한다. 그들만큼은 아니더라도 하체와 상체와의 싸움에선 항상 하체가 이기도록 해야 한다. 대퇴부와 종아리 두께의 합이 허리둘레보다 커야 한다는 사실에 유념하기 바란다. 하체부실은 보행을 부자연스럽게 하며 나아가 외부활동을 할 수 없도록 한다. 삶의 질을 떨어트리는 결정적 원인이 된다. 하체 근육을 단련하기 위해선 앉았다 일어섰다 같은 가벼운 것에서부터 스탠드 프레스(무게는 자기 몸에 맞게) 또는 레그 프레스를 규칙적으로 해 줘야 된다. 헬스클럽에 굳이 가지 않더라도 가정용 콤비네이션 운동기구를 사서 활용하면 근육량 소실 방지를 위한 훌륭한 대비책이 된다.

♠ 참고로 암에 걸리지 않기 위한 7가지 생활수칙과 돌연사 예방 5계명을 적는다(대한암학회).
1. 담배를 피우지 않는다
2. 지방과 칼로리 섭취를 줄인다

3. 과도한 양의 알코올 섭취를 삼간다

4. 너무 짜고 맵거나 불에 직접 태운 음식을 먹지 않는다

5. 과일 채소 및 곡물류를 충분히 섭취한다

6. 적당한 운동을 하되 무리하지 않는다

7. 스트레스를 피하고 기쁜 마음으로 생활한다

돌연사 예방 5계명

1. 사우나 후 운동은 심장에 많은 부담을 준다(불 속에 뛰어드는 격)

2. 봄철을 조심해야 한다(일교차가 커 혈관 수축이 일어나 혈압이 올라간다) – 수축기 혈압이 130~139 이상이면 건강검진 후 운동이 바람직하다.

3. 운동체질이라고 방심하면 안 된다(준비운동과 스트레칭은 필수)

4. 내키지 않으면 운동을 쉰다 – 돌연사 전조 증상의 핵심은 예전과 왠지 다르다는 느낌이 든다는 것이다

5. 운동부하 검사를 받아라 – 심전도 검사 등을 통해 '심장 체력'이 어느 정도인지 아는 것이 중요하다

5. (매년) 건강검진 하라

 도둑고양이처럼 찾아오는 암 세포는 건강 검진을 하지 않고선 알아내기가 거의 불가능하다. 징후로 알았을 땐 이미 늦다. 건강 검진을 아주 싫어하는 친구가 있다. 이유는 간단하다. 병이 있을 것 같아서란다. 그게 두려워 가기 싫단다. 주위에 이런 사람들이 의외로 많다. 이 사람들이야말로 진짜 병원에 가야 할 사람들이다. 그리고 정밀 검진을 받아야 한다. 병이 발견되면 가래로 막지 않고 호미로 막아서 좋다. 소 잃고 외양간 고치기, 사후약방문은 후회막급일 뿐이다. 검진 결과 이상 징후가 발견 되면 예방할 수 있어 좋고 아무 징후가 없으면 그보다 더 좋을 수는 없지 않겠는가. 자기 몸뚱어리를 신바람 나게 관리하는 계기가 된다. 정신분석학자에 따르면 컨디션이 좋지 않을 땐 재래시장이나 병원에 가 보라는 내용이 있다. 상대적 우월감도 느낄 뿐만 아니라 활기찬 현장 속으로 빠져들 수 있어서이리라. 건강검진에서 아무 이상이 없다면 그와 흡사하지 않을까.

6. 육체노동 하라

　작은 텃밭이 있으면 좋겠지만 그런 조건을 향유하고 있는 현대인들이 과연 몇 명이나 있을까. 그렇다면 방법은 있다. 집안 밖 청소를 전담하라. 그리고 동네 어귀 길거리 청소를 전담하라. 안팎을 쓸고 닦는 것은 마음을 닦는 행위다. 무엇보다 즐거워하는 것은 그대 뇌다. 뇌가 즐거우면 온몸이 즐겁다. 다음으로 좋아하는 것은 가족과 동네 사람들이다. 덤으로 호평까지 받으니 금상첨화다. 어떤 형태든 몸을 편하게 내버려 두지 마라. 몸이 편하면 몸이 아프다. 과실이 곶감처럼 주렁주렁 매달린다. 오키나와는 세계적인 장수마을이다. 일본 본토 사람보다 5년 이상이나 길다. 여러 장수 요인 중에서도 육체노동이 맨 앞자리를 차지함은 물론이다.

전문가들의 한결 같은 주문은 적당한 육체적 노동이다. 스모선수가 아닌 바에야 먹고 자고 살찌우는 일에 충실할 필요가 없다. 정신 바짝 차리고 실천해야 한다.

7. 대화하라

　메리 파이퍼의 '또 다른 나라'라는 책 속에 이런 글이 있다. 노인들 사이에 농담이 유행한 적이 있다. 어떤 사람이 개구리 한 마리를 잡았더니 개구리가 이렇게 말하더란다. "키스를 해주신다면 전 예쁜 공주로 변할 수 있어요." 이 말을 들은 사람은 키스는커녕 개구리를 주머니 속에 넣었고 놀란 개구리는 이렇게 투덜거렸다. "키스를 하면 예쁜 공주와 함께 살 수 있을 텐데 왜 그러지 않죠?" 그 사람의 대답이 걸작이었다. "너도 내 나이가 돼봐, 공주보다 말하는 개구리가 더 좋지."

　건강의 '5多'는 다보, 다휴, 다식, 다접, 다설이다. 밥 잘 먹고, 적당한 휴식과, 적절한 운동, 여러 사람과 교제하며,

많은 대화를 나누라는 내용이다. 다설의 많을 '多'가 말을 많이 하라는 의미가 아님은 물론이다. 유쾌한 대화, 즐거운 대화 속에서 각종 정보의 교환은 물론 살아 있음의 기쁨을 향유하라. 주제는 쉽고 재미있는 공통화제가 으뜸이다. 종교, 정치 이야기는 피하는 게 좋다. 예민한 화제, 타인을 흉보고 비방하는 화제도 피해야 한다.

8. 봉사하라

　봉사는 행복의 '원천기술'이다. 1998년 WHO는 행복의 제 4의 조건으로 영적 건강을 추가 했다. 서울대 병원 신경정신과 권준수 교수는 '단순한 심정안정을 뜻하는 게 아니고 현실의 이해타산에 얽매이지 않는 순수한 마음으로 삶에 임하는 게 영적 건강의 기본'이라 했다. 영적 건강의 대표적 사례로 '자원봉사'를 꼽는다. 다른 사람을 사랑하고 도와줌으로써 만족을 느끼고 그 결과 인간의 고귀함을 맛보면서 행복해진다는 것이다. 이른바 '테레사 효과'다. 돕는다. 베푼다. 봉사한다는 밑바닥엔 희생을 깔고 있다. 가진 자만이 할 수 있는 덕목으로 흔히들 착각하는데 그렇질 않다. 희생정신의 유무가 결정짓는 것이지 재물의 있고 없음과는 무관하다. 시인 소동파는 인생을 '설리홍과' 라 하였다. 눈 위에 찍힌 기러기 발자국, 그 이상도 그 이하도 아니다. 빈손 들고 왔다 빈손으로 돌아간다. 밥 맛 좋고 감기와도 친하지 않고 멀쩡하게 잘 돌아가는 내 몸에 대하여 늘 감사하고 기뻐하라. 이 세상엔 온전치 못한 사람들이 너무 많다. 봉사하고 헌신하며 보람을 찾자. 의미를 찾자. 그대 삶에 윤기가 흐른다. 어떤 사람이 과연 가치 있는 인생을 살았는지는 그 사람이 생전에 재산을 얼마나 모아 두었는가가 아니라 얼마나 나눠 주었는지에 따라 결정된다. 받는 기쁨보다 주는 기쁨이 훨씬 큼은 물론이다. 오래 사는 사람이 그렇지 않은 사람에 비해 장수인 자가 몇 배 더 많음은 덤이다.

그래서 나누는 일, 베푸는 일을 다음으로 미루어서는 안 된다. 이 다음은 누구라도 기약할 수 없는 시간이기 때문이다.

9. 몸과 의복을 항상 깨끗이 하라

전철에 빈자리가 있어도 선뜻 앉는 사람이 없다. 십중팔구 노숙자가 있거나 노인이 있는 경우다. 노숙자는 두말 할 필요 없이 오랜 기간 씻지 않아 악취가 풍긴다. 노인에게서 나는 냄새는 그것과는 구분된다. 나이가 들면 새로 돋아나는 세포보다 죽는 세포가 늘어난다. 세포에 탄력이 떨어져 땀구멍이 제 기능을 못한다. 배출과 소통이 제대로 이루어지지 않음으로써 각종 불순물과 찌꺼기가 쌓인다. 몸을 제때 씻지 않으면 고약한 노인 냄새가 나는 것은 당연하다. 더불어 깔끔하고 세련된 옷차림에도 신경 써야 한다. 검정 바지에 흰 양말 같은 어색함에서도 벗어 날줄 알아야 한다. 지나친 원색의 셔츠나 넥타이도 멋진 노신사와는 거리가 멀다. 언제나 청결을 유지하고 깔끔한 옷차림으로 외출에 나서자. 그대 옆에는 언제나 빈자리가 없다.

10. 유머를 즐겨 사용하라

　엔도르핀은 암세포도 죽인다. 엔도르핀은 통쾌한 웃음 속에 있다. 옛날엔 우스갯소리를 잘 하는 사람을 싱겁다고 표현했다. 세월이 변하여 요즘은 유머 있는 사람이 인기 짱이다. 유머는 엄숙한 분위기를 일순 화기애애한 분위기로 만든다. 소원하던 인간관계가 친밀로 전환된다. 서먹하던 이성 관계는 따뜻한 관계로 발전한다. 날 세운 대립 관계는 친교의 장으로 바뀐다. 이 모든 것은 유머 한 토막의 위력이다.
　요즘 웃음다이어트가 인기를 얻고 있다. 20초 동안 크게 소리를 내면서 웃을 때 5분간 에어로빅을 한 것과 비슷한 에너지가 소모된다(미 스탠퍼드 대 의대 윌리엄 프라이 박사). 웃음은 다이어트는 물론이고 육체건강에도 큰 도움이 된다.

웃고 나면 혈액순환이 원활해져 실제 몸이 가뿐해진다. 여러 연구 결과 적대감이나 분노의 감정이 줄어들고 자연 살해세포와 백혈구가 늘어나면서 면역력이 좋아진다. 웃으면 행복해진다는 근거는 충분하다. 서울 아산병원 신경과 김종성 교수는 '웃으면 대뇌의 변연계(가장자리계)가 활성화되면서 엔도르핀은 늘어나고 코르티솔(스트레스 호르몬)은 줄어든다'고 말했다. 웃음은 장수의 비결이기도 하다. 미 인디애나 주 메모리얼 병원의 임상시험결과 매일 15초 웃는 사람은 그렇지 않은 사람보다 이틀을 더 산 것으로 나타났다. 더 나아가 웃음 치료법도 등장했다. 통쾌하게 웃고 나면 2시간 동안 통증이 사라진다는 연구 결과도 나온 터다.

토론 장소가 아닌 한 원리원칙주의에서 조금은 벗어나자. 따지고 고집 부리지 말자. 가벼운 대화를 주제로 웃으며 즐기자. 스페인 사람들은 우리나라 사람들을 보고 너무 심각한 표정에 당혹감을 금치 못했다는 글을 읽고 고개를 끄덕였다. 부모님이 돌아가신 것이 아니면 슬퍼하지 말 것이며 인생을 뒤흔드는 일이 아니라면 그냥 웃어버려라(스페인, 너는 자유다 중에서). '노빠사나다' (별일 아니야).

11. 자신 있게 행동하라

왜 세태에 떠밀려 스스로 침몰하는가.

무엇 때문에 아버지이기를 포기하는가.

우리의 모든 아버지들이 일어서야 한다.

수수방관하면 안 된다. 파멸이요, 멸망이다. 부권회복만이 나라를 살린다. 그대들이여, 의기소침하지 마라. 용기를 갖고 자신감을 회복하라. 펄펄 끓던 용기와 패기는 다 어디 갔으며 하늘을 찌르던 자존심은 모두 어디에 내팽개쳤는가.

죄 지은 사람처럼 왜 벌벌 떠는가.

무슨 잘못을 하였다고 자신감을 잃어버렸는가.

경제 발전 시키느라 등골 빠지도록 일한 게 무슨 죄라도 된단 말인가. 일만 하고 권한은 없는 로봇이여, 아니 늙은

로봇이여.

 회복하라 자존심을, 찾아 나서라 그대의 존재를, 그리고 자신감을….

12. 운동하라

　친구나 직장 동료에게 '운동하라'고 채근하면 반응이 참으로 다양하다. 20,30대의 젊은이들은 대개 '운동하지 않아도 건강한데 뭐' 또는 '귀찮아서', 40대는 '아프고 아프지 않고는 팔자다', 50대는 '몸이 예전 같지 않아 보약을 먹어야 할 것 같아', 60대는 '아프면 죽으면 되지 뭐', 뚱뚱한 사람에게 살 좀 빼라고 하면 '생긴 대로 살게 내버려 둬' 등 이런 시큰둥한 반응들이다. 심각한 안전 불감증이다. 호미로 막을 일을 굳이 가래로 막을 일이 뭐 있으며 죽은 다음에 보약이 무슨 소용이 있을까. 건강이란 그네들 생각대로 팔자 소관도 아니며 그렇게 쉽게 죽지 않는다는 데 문제가 있다. 죽고 싶을 때 죽을 수 있다면 그것이야 말로 천복을 타고 난 것이다. 예외가 있긴 하다. 몇 년 전 백양사 서옹 스님의 '좌탈입망'은 그래서 화제를 불러 일으켰다. 일반인으로선 상상도 할 수 없는 일이다.

건강해야 된다는 사실을 누구나 알지만 구체적으로 어떻게 관리하고 인체의 신비는 어떻게 이루어져 있는지, 일상생활은 어떻게 해야 하는지 개념 정리가 되어 있지를 않다. 공기에게 고맙다고 생각하는 사람이 없듯 중노동하는 심장과 발에게 감사한 마음을 갖기가 쉽지 않다. 자신을 진정 사랑한다면 매 순간은 아니더라도 신체 각 부품에 감사한 마음을 가져야 한다.

이 세상에서 가장 사랑해야 할 대상은 부모님도 처자식도 아니다. 오직 자기 자신이다. 이것이 완성 돼야만 나머지가 가능하다. 문명의 어떤 이기도 그 수명이 1세기 가까운 것은 흔치 않다.

800여 개의 근육과 216개의 뼈와 320억 개의 뇌세포는 1초도 쉬지 않고 1세기 가까운 긴 세월을 움직이며 생명을 유지시킨다. 참으로 엄청남 내구성과 정교함에 감탄하게 된다.

주인님을 잘 만났다는 행복의 소리를 듣도록 하라. 내 몸의 수많은 장기들과 친하게 지내도록 하라. 그리고 생명이

다할 때까지 사랑하라.

　주변엔 비만자가 너무 많다. 거미 체형, 거북이 체형, 캥거루 체형이 수두룩하다. 그나마 옷 속에 숨겨져 있을 때엔 봐줄만 하다. 그러나 목욕탕에 가면 적나라하게 드러난다. 가는 새 다리에 20~30kg의 짐을 지고 쩔쩔 맨다. 전철 계단을 오르내릴 땐 풀무질 소리를 낸다. 걸음걸이 자체에 삶의 고단함이 배어 있다. 저 무거운 짐을 벗어 던져야 한다. 삶 자체도 고달프다. 게다가 웬 무거운 짐조차 지고 다닐까. 저 짐을 지고 어디로 가고 있는가. 왜 벗어 던지지 못하는가. 그것이 궁금할 뿐이다.

　쑥스럽지만 나의 건강 얘기를 좀 하고 싶다. 팔불출이란 얘기 듣기 십상이지만 지금까지 감기 한 번 걸리지 않은 사실 하나만으로도 팔불출을 상쇄하고도 남음이 있다는 생각에서 적어 본다. 건강 얘기는 매우 조심스러운 게 사실이다. 워낙 변수도 많고 민감한 문제다. 언제 어떻게 될지 아무도 모르기 때문이다. 무사고 운전을 자랑 하는 것만큼이나 부담스럽다. 그러나 그런 부담도 전제 조건을 '지금까지'라고 달면 훨씬 가벼워진다. 그 전제하에 용기를 갖고 얘기한다.

　신장 168cm, 몸무게 63kg, 40여 년간 유지한 몸무게다. 혈압을 비롯한 각종 건강 수치도 언제나 적정선 안에 들어 있다. 언젠가 이승엽의 홈런 파워는 튼실한 하체에서 나온다는 기사를 보았다. 무려 그의 대퇴부 둘레는 71cm, 웬만한 여성의 허리둘레다. 자극을 받아 하체운동을 열심히 해보지만 53cm를 넘지 못한다. 나의 신장을 감안하면 결코 가녀린 하체는 아니다. 그러나 나름대로 목표를 55cm로 정하고 힘을 쏟아 붓는다. 매일 아침 1시간을 뛰고 무게 운동을 해준게 이 모든 적정 건강 수치를 안겨 주었다고 확신한다. 먹은 음식은 피하지방에 쌓이는 게 하니라 모두 에너지화 된다. 활력이 넘칠 수밖에 없는 이유다. 피로란 단어도 내게는 없다. 운전을 10시간 넘게 하여도 등산을 10시간 넘게 해도 마라톤 완주를 해도 피로를 모른다. 보약도 모른다. 비아그라도 모른다. 낮잠도 자지 않는다. 감기는 아예 접근조차 하지 않는다.

 단순한 장수가 의미 없음을 모르는 사람이 없다. 골골 80을 산다면 무슨 의미가 있겠는가. 그렇게 하고 싶어 하는 사람은 아무도 없겠지만 주위에 그런 사람이 많다는 게 문제다. 활기에 찬 알토란같은 나날이 되기 위해선 각고의 노력이 필요하다. 노력 없이 그냥 얻어 지는 것은 어디에도 없다. 행운마저도 그대가 흘리는 땀방울을 세고 있다.

　우선 내 몸을 금 쪽 같이 사랑해야 한다. 평생 함께 해야 할 각 기관들이며 부품들이다. 내 몸에 늘 감사해야 한다. 매일 중노동하는 심장과 발에겐 특히 더 많이 감사해야 한다. 소도 봄철엔 콩과 쌀겨를 듬뿍 넣어 끓인 특식을 제공한다. 하물며 죽을 때까지 중노동 하는 심장과 발에겐 대우를 잘 해야 한다. 그들이 주인님을 잘 만났다며 노래 부를 수 있도록 해야 한다. 맑은 공기를 많이 마시고 유산소 운동으로 심장 근육, 다리근육을 키워 주는 게 그들을 돕는 일이다. 그들이 좋아하는 일이다. 그래야 펌프질이 쉬워지고 혈관은 깨끗해져 도랑 친 봇물처럼 콸콸 노래하며 흐른다. 각 장기로 영양분과 산소를 실어 나른다. 뇌는 활발하게 사령부로서의 임무를 즐겁게 수행한다. 세포는 영양분과 산소를 받아먹고 갓 잡아 올린 물고기처럼 싱싱하다. 두통이 있을 리 없다. 가슴이 답답할 리 없다. 봄을 안탄다. 밥맛이 늘 좋다. 피로가 없다. 그래서 몸과 마음은 쉬 늙지 않는다. 때문에 그대의 능력을 최고치로 발휘할 수 있다. 그대가 하고 싶은 욕망을 마음껏 펼칠 수 있다. 이 얼마나 신나고 기분 좋은 일인가. 그대의 뼈나 근육, 모든 세포가 그대와 대화한다고 생각하라. 기분 좋은 신호음을 보낼 때도 있고 신음 소리를 보낼 수도 있다. 고통에 못 이겨 소리칠 수도 있다. 그대는 귀를 쫑긋 세우고 그대의 각 기관에서 보내는 반응에 귀 기울여야 한다.

나는 지난 해 해안 따라 전국을 도보로 일주했다. 2765km, 370만 보를 걸으며 다리를 혹사했다. 하루의 일정이 끝나면 따뜻한 물에 발을 담그고 정성스레 마사지 했다. 발가락 하나하나에게도 '미안하다' '감사하다' 며 주물렀다. 그러나 '인내하자, 그리고 멋진 일을 해 내자' 며 용기도 불어넣어 주고 다독였다. 도보여행기(가제: 영혼을 흥분시키는 해안 따라 7천리, 미 출간) 제일 끝 부분에 이런 글을 적었다. '발에게 감사한다. 이 엄청난 일을 해낸 네게 모든 영광을 돌린다. 특히 오른 쪽 무릎은 잘라내느냐 마느냐를 고민해야 할 만큼 엄청난 사고를 당한 다리다. 수많은 경고음을 내게 보냈지만 무시했다. 그러나 지금, 이 모든 역경을 이겨내고 너는 해냈다. 너와 나의 승리다. 고맙다. 내 몸에 대하여 새삼 감사를 표한다. 특히 오른쪽 무릎에게 감사한다. 정말 수고 많았다' 라고.

몸은 자동차와 비슷하다. 관리를 잘 한 자동차는 성능과 수명이 길다. 새 차 시절엔 성능의 차이를 느끼지 못하지만 몇 년 지나면 그 차이는 뚜렷해진다. 일반택시와 개인택시의 폐차 시기가 차이 나는 이유다.

새 차를 구입하면 우선 '취급설명서'를 달달 외어야 한다. 성능, 기능, 부품 명, 관리요령, 안전 운전요령, 경제적인 운전법, 고속도로 운전법, 도로교통법 등을 완전 숙지해야 한다. 그래야 쾌적한 운전을 즐길 수 있고 통행의 흐름을 원활하게 한다. 많은 돈을 들여 고속도로를 건설해 놓았지만 고속도로 운전법(주행선, 추월선, 등반차선, 가변차선 등)을 몰라 흐름에 방해를 하고 사고의 직간접적 원인 제공을 하는 경우가 비일비재하다. 보닛을 열고 엔진오일을 비롯한 각종오일을 점검하고 팬 벨트, 구동 벨트, 에어컨 벨트의 장력을 체크하고 냉각수 온도게지는 적정한지 타이어 공기압은 알맞은지 정도는 운행 전에 반드시 점검해야 할 사항들이다. 출발 전 안전벨트 착용, 각종계기 판과 백미러, 룸미러는 적정한지도 간과하면 안 되는 사항들이다. 주위를 보면 휴대폰 설명서는 눈이 빠질 만큼 열심히 읽고 숙지하면서 생명과 직결된 자동차 취급설명서는 그냥 구석에 처박아 놓고 자동차를 끌고 거리로 나온다. 그러고는 살얼음 판 위로 가듯 곡예운전을 하여 주위를 불안하게 만든다. 뭐라고 할라치면 '똥싼 놈이 성 낸다' 고 인상을 쓰며 덤벼든다. 한 마디로 웃기는 세상에 살고 있다. 방향 지시 등은 병신 손을 가지고 있는지 아예 켤 줄도 모른다. 뒤따라가는 차량은 어떻게 대비하라고 하는지 모르겠다. 보통 문제가 아니다.

 나는 차를 매우 좋아한다. 27년 동안 일곱 번이나 차종을 바꿨다. 운행거리도 줄잡아 150만 km는 되리라.

 나는 기계치다. 그리고 솜방망이다. 전구도 제대로 갈아 끼우지 못한다. 못을 박을 땐 손가락을 때리기 일쑤다. 그런데 자동차는 예외다. 보닛을 열면 모든 기계가 한 눈에 들어온다. 30년 된 택시 기사로부터 '정비사 출신이냐?' 란 질문도 받았다. '취급설명서'를 완전 숙지한 덕분이다. 카센터에 가면 일일이 묻고 메모한다. 차계부를 항상 쓴다. 엔진오일, 에어 클리너, 필터를 일정한 시기에 교환한다. 차의 안팎을 깨끗이 닦는 것은 기본이다. 언제나 새 차 같다. '취급설명서'에 적힌 대로 한다. 차의 성능을 최상의 상태로 만든다. 같은 시기에 출고한 다른 차량과 비교가 되지 않을 만큼 상태가 양호하다. 내 애마를 정말 사랑한다. 장거리 운행을 할 땐 차체를 한 바퀴 돌며 엉덩이 쪽과 앞머리 쪽을 가볍게 톡톡 치며 목표지점과 거리를 알려주고 '잘 부탁한다'고 말한다. 목적지에 도착하면 '수고 많았다'고 얘기한다. 나는 자동차를 쇳덩이로 된 문명의 이기쯤으로 생각지 않는다. 진정으로 생명을 가진 애마처럼 여긴다. 따라서 출고된 상태 그대로 유지한다. 드릴로 구멍을 뚫어 액세서리나 너저분한 장치를 하지 않는다. 구멍을 뚫을 때 아프다며 비명소리라도 지를 것 같아서다. 실제로 수명과 안전에 영향을 주는 액세서리나 튜닝은 심사숙고 후 행해야 한다. 어쩔 수 없는 접촉사고가 있었을 땐 매우 가슴 아프다. 대일밴드로 처리될 상처가 아니고 붕대를 감을 정도면 그 아픔의 크기도 함께 커진다. 이렇듯 정성 들여 차를 관리하기 때문에 차의 겉이나 속의 성능이 진실로 뛰어나다.

  내 몸 관리는 차보다 몇 배 더하다. 내 몸 관리는 특별하다. 아니 유별나다는 게 맞다. 어찌 생각하면 미스코리아보다 내가 더 관리할지도 모른다. 철저하게 관리해가며 나이에 따른 내 몸의 변화를 유심히 체크한다. 내겐 그 변화가 매우 궁금하고 흥미진진하다. 내 스스로 내 몸을 진단하고 관찰하는 것이다.

  현재까지의 몸 상태를 보면 매우 양호한 편이다. 같은 연배에 비하여 기능 성능 모두 우수하다. 늙음의 속도가 매우 느림을 알 수 있다. 치아, 눈, 주름, 백발, 탈모, 성기능, 체력 등에서 친구들과의 격차를 느낀다. 신체나이가 40대 초로 진단되었으니 놀랍고 기쁠 따름이다. 43항 '3080을 이룩하라'에서 언급한 대로 운동습관 식사습관 마음습관을 잘 관리한다면 어렵지 않게 이룰 수 있다고 확신한다.

30여 년 전 운동을 본격적으로 시작할 때 '장수'를 염두에 두고 시작하지는 않았다. 나는 손가락 10개 중 9개가 병신이다. 금고 문에 찌인 오른 손 엄지 손 가락을 제외하면 모두 축구 농구 테니스 하다 다쳤다. 요령을 피울 줄 모르는 성격 탓에 많이 다친다. 학문에 왕도가 없듯 운동에도 요령이 통하지 않는다는 것을 몸소 체험한다. 게으른 천재가 단명하는 모습을 우리는 많이 보아 왔다. 손가락 생긴 모습을 보면 정말 웃긴다. 뱀 대가리처럼 생긴 놈도 있고 오염된 물속의 등이 휜 물고기처럼 생긴 것도 있다. 또 알 밴 고기처럼 생긴 놈도 있어 반지가 들어가지 않는가 하면 반대편 손가락은 헐렁하다. 생전의 어머니께서는 산후 조리를 못한 후유증으로 온몸이 쑤시고 뼈마디가 저리는 고통으로 많이 괴로워하셨다. 나도 나이가 들면 그런 증상이 올 것임은 불을 보듯 뻔하다. 비뚤어진 혈관을 바로 잡기는 애당초 글렀다. 방법은 단 하나, 혈관을 넓혀 피의 흐름을 원활하게 하는 것이다. 봇물이 제대로 흐르기 위해 겨우내 쌓인 낙엽과 토사를 걷어내어 봇도랑을 넓히는 것과 마찬가지다. 이런 단순한 이유가 운동을 시작하는 계기가 되었고 그 이유는 장수시대와 맞물리면서 확대 재생산의 가치를 갖게 되었고 지금껏 운동을 지속하게 되었다.

사실 재테크보다 훨씬 급한 것이 건강 테크다. 건강이 따르지 않으면 어떤 것도 무의미하기 때문이다. 우리나라 평균수명은 80세에 육박한다. 골골 80이란 말이 있다. 단순한 수명연장은 아무 의미가 없다. 문제는 건강수명을 늘려야 한다. 건강수명이란 실제로 건강하지 못한 기간을 수명에서 빼버린 개념이다. 그렇게 따지면 건강수명은 65세도 채 되지 않는다는 통계청 자료다. 건강은 중요하지만 지금 당장 시급한 문제는 아니라고 보는 안전불감증의 태도가 문제다. 환자가 아닌 다음에야 대부분 건강은 아쉽지 않다. 건강에 대한 투자는 돈이나 교육, 취미나 레저 등과 비교해 우선순위에서 늘 밀린다. 스티븐 코비는 '인생에서 성공하려면 지금 당장 시급하진 않지만 중요한 일에 몰두하라'고 설파했다. 지금 당장 시급하진 않지만 중요한 대표적 대상이 바로 '건강' 이다. 그대가 건강에 관심을 갖는 만큼 몸은 건강으로 보답할 것이다. 움직이면 살고 정지하면 죽는다. 걷고 또 뛰어라. 정녕 그대의 인생을 버릴 셈인가. 왜 입으로만 운동하는가. 입안에 말이 적고 마음에 일이 적고 뱃속에는 밥이 적어야 한다 했다.

문제는 실천이다. 실천하겠다는 의지가 중요하다. 작심삼일에서 벗어나라. '내의지가 겨우 이것 밖에 되지 않나'를 자책하며 되뇌어라. 말이 너무 많다. 말잔치를 벌인다. 입을 열었다 하면 이 핑계 저 핑계다. 주변에 이런 사람들로 꽉 차있다. 운동은 매일 먹는 음식과 같다. 아침식사 하였다고 그 다음 모든 식사가 생략 되지 않는 것처럼 운동은 끊임없이 지속적으로 해야 그 효과를 볼 수 있다. 죽기 직전까지 운동의 끈을 놓아 서는 안 된다. 민관식 전 체육회장은 지난해 초 88세의 나이로 세상을 떠났다. 죽기 하루 전까지 친구와 테니스를 즐겼다. 그리고 수면 중 사망하였다. 9988234의 숫자가 새삼 가슴에 와 닿는다. 멋진 마침표다.

13. 얼굴을 관리하라

주름은 20만 번의 수축으로 생긴다. 당신은 지난 날보다는 늙었을지 모르지만 앞으로 다가올 날들보다는 젊다. 몸은 자기 자신의 고유 브랜드다. 얼굴은 그 중 핵이다. 보톡스 주사를 맞고 아이오페를 바르고 팩을 하고 야단법석을 떨지만 일시적 요법일 뿐이다. 얼굴 운동(마사지 등)으로 관리해야 한다. 다음으로 보이는 곳 이상으로 중요한 곳이 있다. 모르거나 아예 무시해 버리는 대퇴부(엉덩이와 대퇴부 연결지점)의 주름을 없애야 한다. 이곳은 하체 운동으로 튼실해지면 해결된다.

반대로 주름을 만들어야 할 곳이 있다. 바로 배의 주름이다. 캥거루 같은 배의 모습에서는 희망이 없다. 복근 운동으로 내 '천(川)' 자도 좋고 임금 '왕(王)' 자도 좋다. 복근 운동은 허리도 강하게 만들어 준다. 반드시 주름을 만들어야 할 곳이다. 반대 방향으로 내 닫는 두 마리 토끼를 모두 잡을 수 있다. 나이가 들면 기초대사량이 현저히 떨어진다. 근육량도 준다. 따라서 종전과 같이 식사한다고 하여도 배가 불룩해지는 복부비만은 자연스럽게 따른다. 젊은 시절처럼 운동효과가 눈에 띄게 나타나지는 않아도 불가능한 것은 아니다. 꾸준한 운동으로 얼마든지 비만에서 벗어날 수 있다.

늙어 자신의 관리가 소홀하면 그 인생이 초라해지게 마련이다. 꽃처럼 새롭게 피어나는 것은 젊음만이 아니다. 늙어도 한결같이 자신의 삶을 가꾸고 관리한다면 날마다 새롭게 피어 날 수 있다. 화사한 봄의 꽃도 좋지만 늦가을 서리 내릴 무렵에 피는 국화의 향기는 그 어느 꽃보다 귀하다.

젊어지기 위한 10가지 충고를 한다면

1. 자기 성장을 계속해야 한다
2. 꿈을 꾸어라. 그리고 그 꿈에 매달리라
3. 마음을 쾌활하게 하라
4. 새로운 만남, 새로운 취미, 새로운 책을 가까이 하라

5. 편협한 마음에서 벗어나 넓은 마음을 가지라

6. 젊은 사람들의 자극을 받아들이라

7. 일벌처럼 바빠라

8. 새로운 계획과 늘 맞서라

9. 하루 한 가지씩 좋은 일을 하라

10. 위대한 일에 봉사하라

14. 느리고 단순해져라

　느림은 개인의 자유를 일컫는 가치이다. 프랑스 사회학자이며 철학자인 피에르 쌍소는 '속도로 지나치기에는 이 세상은 너무 아름답다'고 했다. 비행기로 태백산맥을 넘어 동해안으로 가는 사람과 자동차로 넘어가는 사람과 걸어서 넘어가는 사람과의 차이는 무엇일까. 1초에 270m를 날아가는 비행기에서 무엇을 볼 수 있을 것인가. 1초에 30m씩 달리는 차에서 무엇을 볼 수 있단 말인가. 한 낮 스쳐가는 그림이며 물체며 형상 정도이리라. 피에르 쌍소의 느림에 대한 찬사는 이어진다. '느림을 몸으로 느낄 수 있는 직접적인 방법으로는 걷는 것보다 더 좋은 것은 없다. 걷기는 일석이조다.' 걷기는 풍요와 건강을 동시에 안겨준다. 걸으면 기분이 좋아지고 세상을 긍정하는 힘도 걷기에서 나온다. 느림은 나만의 리듬을 따라 내 삶의 주인으로 사는 것이다. 물리적 속도로만 파악하지 않는다. 처리할 수 있는 것은 열심히 하고 능력 밖의 일은 빨리 포기해 버린다. 성장 촉진제를 투여한 닭으로 만든 패스트푸드를 파는 가게와 온통 주입식 교육으로 지식만 빨리 전달하는 교실은 분명 다른 장소이지만 같은 가치가 지배하는 공간이다. 유기농산물을 주목할 일이다. 같은 지식이라도 토론을 통해 스스로 답을 찾도록 해야 되며 감기에 걸렸을 때 약보다는 휴식이라는 처방을 선택할 줄 알아야 되는데 대개 이런 것들은 느림을 강조하지 않으면 가벼운 코웃음 속에 버려지고 말 가치들이다. 가능하면 입은 다물고 대신 눈을 열어 주변을 둘러보라. 몸이 느림을 당할 때 정신은 더욱 깨어나고 삶의 깊은 의미를 느끼게 한다. 느림을 한마디로 정의 한다면 '포도주' 다. 숙성하려면 시간이 필요하고 숙성도에 따라 맛이 다르다. 느림은 오래된 포도주처럼 '향기로운 삶이다' 라고 말한다. 그는 느림의 실천방법으로 9가지를 제시하고 있다.

1. 한가로이 거닐 것
2. 말하기보다는 남의 말을 들을 것
3. 권태 속에서 느긋함을 느껴볼 것
4. 즐거운 몽상에 빠져볼 것
5. 어떤 가능성도 배제하지 않는 열린 자세로 결과를 기다릴 것
6. 고향의 아름다운 추억을 간직하거나 추억이 새겨진 나만의 장소를 만들 것
7. 글을 쓸 것
8. 남을 비판하거나 질투하거나 무리한 요구를 하지 말 것
9. 가벼운 술 한 잔의 여유를 즐길 것

나태가 아무것도 하지 않고 방치하는 게으른 상태인 반면 느림은 삶의 매 순간 구석구석 느끼기 위해 속도를 늦추는 '적극적인 선택'이라며 느림의 의미를 강조한다. 유럽의 유유자적 족(族)과 다운 시프트(Down Shift) 족이 늘어나는 것도 같은 맥락이다.

15. 긍정적 사고를 갖도록 하라

　인생을 가시로 보지 말고 꽃 인양 바라보라. 자주 인용되는 예 중의 하나, 컵에 물이 반쯤 담겨 있다. 부정적 사고를 가진 사람은 '반 밖에 없다'고 표현하지만 긍정적 사고를 가진 사람은 '반이나 남았다'고 표현한다. 짜증나는 친구가 있다. 어떤 화제가 되었건 습관적으로 부정부터 하고 본다. 부정적인 대화에는 찡그린 얼굴이 따라 붙는다. 색깔 있는 안경을 벗어라. 사물을 바로 보는 능력, 균형 잡힌 사고를 갖도록 노력하라. 편견은 부정적 사고를 낳는다.

16. 적극적 사고를 갖도록 하라

한 때는 얌전한 사람이 각광 받을 때도 있었다. 소극적인 사람이 얌전한 사람으로 비칠 때도 있었다. 그야말로 맹목적이고 무 목적적인 편견이 아닐 수 없다. 세상은 많이 달라졌다. 지금 그와 같은 사고를 소유하였다면 버림받기 딱 맞다. 빌어먹기 십상이다. 어느 기업, 어느 단체에서도 그런 류의 사람을 환영하지 않는다. 매사에 진취적이고 적극적이어라. 그대가 무슨 일을 하든 그것은 관계없다.

17. 문무를 겸비하라

공부 잘하는 운동선수, 운동 잘하는 공부꾼은 흔하지 않다. 어쩌다 가뭄에 콩 나듯 그런 사람을 대하면 존경스럽다. 근본적으로 양립이 성공 할 수 없는 매우 어려운 것만은 사실이다. 그렇다고 그것이 쉽다면 매력적이질 못하다. 어려움이 따라야 해볼 만한 가치도 있고 보람도 있을 게 아닌가. 에베레스트를 누구나 오를 수 있고 남극 북극을 누구나 밟을 수 있다면 박영석 씨는 그저 그런 보통 사람에 지나지 않을 것이다. 99.9%는 보통 사람들이다. 역사에 남을 위대한 인물을 꿈꾸기보다는 보통사람들의 보편적인 생각에 충실한 사람이 되도록 노력하는 것이다. 시간이 아직은 많다. 부지런한 사람이 가장 많은 시간을 갖는다. 나카노 고지는 '행복한 노년의 삶' 이란 저서에서 '일에서 벗어나 나만을 위해 살기를 강조한다'. 변화와 유행에서 해방됨으로써 행복을 찾고 노년의 시간을 가꾼다. 수필집과 철학서를 읽으면서 깨달아가는 기쁨을 누린다. 조용하고 단순하며 자연 그대로에 순응하는 생활을 통해 행복을 추구한다. 책은 노년에 가장 좋은 벗이다. 깨닫고 생각을 넓히며 배우는 즐거움을 누린다. 물질적 가치를 추구하는 현대사회의 궤도에서 빠져나와 사소한 일에 감사하며, 자연과 벗하는 인간다운 삶을 선택한 저자의 용기가 돋보인다. 젊은 날 먹고 살기에 바빠 소홀 했던 독서량을 늘리고 몸 짱 만드는 일에도 적극 나서라. 베스트셀러는 물론 고전과 시의 세계에 흠뻑 빠져 보라. 헬스클럽에서 잘 다듬어진 근육을 바라보며 나르시시즘에 젖어 보라. 몸 튼튼 마음 튼튼을 항상 염두에 두라. 양 바퀴의 공기압이 일정해야 균형을 잃지 않고 전진할 수 있다.

♠ 참고로 치매예방의 10가지 원칙을 적는다(삼성서울병원신경과교수 나덕렬)

1. 고혈압, 당뇨를 치료해야 한다
2. 콜레스테롤 점검이 필요하다(HDL, LDL수치)

3. 금연하고 과음은 절대금물이다

4. 심장병의 경우 초기에 발견해 치료 받는다

5. 적절한 운동을 하고 비만을 줄여야 한다

6. 머리를 많이 쓰고 적극적으로 살아야 한다

7. 폐경기 후에 여성호르몬을 투여한다

8. 우울증 치료를 받고 많이 웃고 밝게 살아야 한다

9. 성병에 걸리지 말아야 한다

10. 기억 및 언어 장애가 있으면 빨리 검사 받는다

18. 변화를 즐기도록 하라

　프랭클린 루즈벨트는 '이 세상에서 최악의 것은 어떤 것도 시도해보지 않는 것'이라 했다. 안주와 답습은 곧 패망이다. 모두 알면서 변화를 주저한다. 어제는 역사이고 미래는 미스터리다. 변화는 예측 불가한 미래이기 때문에 모두 두려워한다. 그러나 변하지 않고는 살아남기 어렵다. 주변 환경이 워낙 빠른 속도로 변하고 있기 때문이다. 오늘 날 삼성의 기적은 변화에 성공한 케이스다. 일류 삼성에 안주 했다면 그들은 실패했을 것이다. 변화의 초기에는 '마누라와 자식만 빼고는 다 바꾸라'고 밀어붙였다. 머리와 가슴 속에 있는 것 모두 바꿔야 산다. 그래야만 놀라운 변화가 일어난다. 위선과 체면에 얽매이지 마라. 부정적인 마음, 의심하는 마음 모두 버려라. 무조건 믿으라. 병 속에 공기를 바꾸는 법을 한번 생각해 보자. 다른 것이 들어가기 전에는 바꿀 수 없다. 변화는 그렇게 이루어지는 것이다.

19. 늙음 자체를
   재미있다고 생각하라

　늙은이의 삶의 매력은 재산의 많고 적음이 아니고 개성과 인간성이 좌우한다. 늙음이란 미지의 세계에 한 발 자국씩 접근 해 가는 것이다. 늙음은 어느 개인의 전유물이 아니다. 누구에게나 주어진 공통사항이다. 때문에 호기심의 대상이며 흥미진진하다. 어머니 뱃속에서 지구라는 곳에 내동댕이 쳐질 때부터 우리는 신기한 지음 받은 게 아닌가. 그러다 용광로 같던 젊음은 서서히 사그라지고 각 장기의 기능이 저하되어 머리카락이 빠지고 주름이 늘어나고 앙상한 겨울나무처럼 변하여 흔적도 없이 한줌의 흙으로 돌아가는 이 대자연의 법칙이 그저 놀라울 뿐이다. 이 경이로움과 신기함을 즐기면서 맞자는 것이다. 저항하고 맞설 수 없는 대상이다. 아름다운 경관을 바라보며 꿀 먹은 벙어리가 된다면 너무 삭막하지 않겠는가. 아름다운 젊음은 우연한 자연의 현상이지만 아름다운 늙음은 예술작품이다. 데니슨의 '시'에서처럼 잎 떨어진 나목에 나력(裸力)이 있듯 잎이 지고도 늠름한 둥치와 굳건한 가지를 가진 나무처럼 외부에 기대지 말고 자기 고유의 힘을 길러야 한다.

20. 유머 있는 친구를
   많이 갖도록 하라

따지기 좋아하고 만나면 피곤한 친구는 피하라. 매사에 부정적이며 비판적인 친구도 피하라. 근묵자흑이다. 지팡이나무도 대나무 속에 들어가면 곧게 자란다. 주변 환경이 얼마나 중요한가를 웅변으로 증명한다. 언제나 유쾌하고 멋진 유머를 구사하는 친구를 소유했다면 그대는 부자다. 그리고 행복하다. 샘솟는 유머와 반짝이는 아이디어가 빛나는 친구라면 분명 삶의 에너지요 활력 그 자체다. 항상 곁에 있어도 그리운 사람이 되어 보자. 그리고 그런 사람을 많이 갖자.

21. 강한 스태미너를 소유하라

 이 항은 어느 항보다 중요하다. 이 항이 생략된 나머지 항은 의미 없다. 강한 스태미너의 소유만이 나머지 모든 항을 충족시킬 수 있다. 만약 스태미너가 부족하거나 달린다고 전제하면 그것은 살아 있는 허수 춘부장이다. 누구나 변강쇠가 되어야 한다. 파워 고추를 소유해야 한다. 그대가 진정 살아 있음에 대한 기쁨을 만끽하려면 이 항은 절대적이다. 모든 사람의 희망이요 바람의 꼭짓점은 아름다운 여인과 함께함이리라. 다만 주변의 눈을 의식하여 차마 입 밖으로 내지 못하고 가슴앓이를 하며 살아가는 현실일 뿐이다. 여러분의 행복을 위한 다며 강정식품과 발기부전 치료제가 홍수를 이룬다. 그러나 오, 남용은 금물이다. 버틸 수 있을 때까지 자연에 맡겨야지 인위적인 것은 가급적 삼가야 한다. 자연 비아그라는 쉽게 얻을 수 있으며 생명력 또한 길다. 방법을 간단히 소개한다.

1. 심장 근육을 강하게 한다(주 5회 1일 30분 이상 걷기 달리기 등 유산소운동을 한다)
2. 하체단련 운동(특히 대퇴부)을 한다(주 5회 10분 이상)
3. 복식호흡과 괄약근 강화운동(항문 조이기 운동)을 한다 (1일 10분 이상)
4. 금연과 절주는 기본 중 기본이다
5. 소변 시 발 뒤꿈치를 최대한 들고 아랫배에 힘을 준다
6. 치골부위를 마사지 한다(1일 100회 이상)
♠ 40항(3080의 고지를 점령하라)에 좀 더 자세하게 나와 있음

며칠 하다가 중단 할 바엔 아예 시작하지 말라. 하루 세끼 밥 먹듯 자연스럽게 운동을 생활화하라. 죽기 직전까지 함께 해야 하는 것들이며 그것이 이루어지면 활력이 넘침을 경험하게 될 것이다. 평생 함께해야 할 자연 비아그라 요법

들이다. 진통제를 복용했을 때와 같은 빠른 효과를 기대하지 마라. 조급한 마음을 버리고 은근과 끈기로 대하라.

 비아그라와 관련된 친구 얘기다.

 강원도 산골에서 우체국장을 하는 친구 녀석이 있었다. 그 녀석은 중학교 때 내 뒷자리에 앉았던 녀석으로 성인이 된 후에도 왕래가 잦았다. 그 녀석은 무골호인이다. 사람 좋기로 소문났다. 그러나 그 녀석은 치명적 약점을 갖고 있다. 몸 전체의 피부가 뱀 껍질처럼 되어 있다. 학교 다닐 때도 놀림을 많이 받았다. 그 녀석 어머니가 임신 중에 뱀을 복용한 것이 그렇게 된 사유란다. 어쨌든 뜨거운 여름철에도 긴 바지와 긴 소매 옷을 입는다. 더욱 안타까운 것은 167cm키에 몸무게가 46kg밖에 나가지 않는다. 어쩌면 가는 다리와 팔을 더욱 감추고 싶었을지도 모른다. 대놓고 물어 볼 수도 없는 사안이다.

 그 녀석은 그 곳 두메산골에서 유지다. 대외적인 직함이 우체국장인데다 꽤 많은 토지를 소유하고 있었고 집도 그곳에선 유일하게 2층 집으로 큰 방이 5개나 된다. 1층은 우체국으로 사용하고 2층 방 세 개는 세놓았다. 문제는 이런 재산과 직함이 그 녀석에게 여복을 안겨 주기도 했고 여난을 당하게 하기도 했다.

그의 본처가 암으로 쉰도 채 되기 전에 세상을 떠났다. 시골의 과부들이 어떻게 소문을 들었는지 몰려들었다. 첫 번째는 강원도 여자다. 노름을 좋아하여 상당한 재산을 축내고 도망갔다. 멀리 전라도에서 온 두 번째 여인은 논 판돈 1000만 원을 훔쳐 달아났다.

이놈의 하소연을 들어보면 동정심이 절로 난다. 베개 정치가 제대로 되지 않으니 마음대로 여인네가 다스러지지 않는다는 내용이다.

그는 세 번째 여인을 만나 특단의 조치를 취했다. 아니 오히려 세 번째 여인이 특단의 조치를 종용했다는 후일담이 설득력을 얻고 있었다.

특단의 조치란 신비의 묘약(?) '비아그라'의 사용이다. 당시 시골에선 비아그라의 신묘함이 입으로만 겨우 전해지던 시절이다.

비아그라는 그 녀석을 무섭기만 했던 밤을 살맛나는 새 세상으로 바꾸어 놓았다. 그러나 그런 꿀맛 같은 시간도 잠깐, 시간이 흐르면서 그 여인의 의도대로 되어 갔다. 그 녀석은 비아그라의 신통한 효험에 푹 빠졌다. 분명코 말하지만 비아그라는 발기부전 치료제일 뿐 온 몸을 강건하게 하는 기능은 없다. 부품 하나에만 기능이 한정되어 있을 뿐이다. 그러나 그 부품 하나는 독립된 부품이 아니라 전체와 유기적으로 연결되었다는 사실을 친구 녀석은 간과했다. 그런 세월이 6개월도 채 되지 않아 그 녀석은 저 세상으로 갔다. 남긴 재산은 몽땅 그 세 번 째 여인의 몫이 되었다. 건강한 몸, 강한 스태미너를 왜 소유해야 하는 지는 일일이 열거하기조차 어렵다.

   약국에서 판매하는 발기부전 치료제 같은 어휘는 이제 머릿속에서 지워라.

22. 최소한의 벌이라도 하라

꼭 돈 때문이라면 비참할 수도 있겠지만 그렇다 하더라도 일거리는 있어야 한다.

나이가 들면 활동량이 줄어들어 지출도 함께 준다. 그러나 경조비 지출은 피하기 어렵다. 친구들과 만나 식사하고 담소하는 비용도 최소한의 지출이 따른다. 문화비, 여행, 체력증진을 위한 지출도 간과 할 수 없는 항목들이다. 이 보다 몇 배 더 확실한 지출항목은 손자 손녀들에 대한 지출이다. 받을 때보다 줄 때가 훨씬 좋다. 창조주께서 죽기 전에 마지막으로 주는 선물이 손자 손녀라 했다. 그 녀석들 재롱을 보노라면 영혼마저 빼앗긴다는 말이 맞다. 영혼을 앗아 가는 존재는 더 이상 없다. 그 녀석들을 위한 지출은 액수에 관계

없이 아깝지 않으리라. 삶의 기쁨과 의미가 몽땅 그곳에서 분출된다. 그 기쁨을 만끽하기 위해서라도 최소한의 경제력은 요구된다. 건강을 위하고 기쁨을 위해 벌이에 나서라. 즐거운 마음으로.

최근 'US News &World Report' 지가 선정한 '늙어도 일하면 좋은 이유 7가지'를 참고할 만하다.

1. 일을 하면 돈을 벌 수 있고, 돈을 벌면 마음의 평화를 얻을 수 있다
2. 일을 하면 건강이 좋아지고 활력을 유지할 수 있다
3. 은퇴해 부부가 함께 있는 시간이 늘어나면 예상과 달리 부부간의 갈등이 더 커지고 관계가 나빠지는 경우도 많다. 따라서 출근해 일을 하게 되면 결혼 생활이 더 행복해질 수 있다
4. 성가신 이메일이 없어지면 오히려 고독감을 느끼게 된다. 직장을 유지하면서 이메일과 씨름하는 것이 정신적 안정에 도움이 된다
5. 새로운 일을 시작하면 새로운 인생이 시작된다. 대기업 경영자로 은퇴한 사람이 동네의 농구 코치나 평화 봉사

단원으로 일하는 경우도 있다

6. 일하는 것 자체가 새로운 인생의 의미를 가져다준다. 많은 사람들이 나이가 들어갈수록 자신의 존재 의미를 찾고 싶어 하기 때문에 일을 하면 자아를 찾는 데 도움이 된다

7. 미국 경제가 점점 나이 든 숙련 노동자를 요구한다. 베이비붐 세대가 은퇴하면서 노인 관련 산업이 번창하고, 이에 따라 시장에서 이 연령층에 맞는 근로자를 필요로 한다

23. 새로운 화제를 많이 갖도록 하라

　주변에 친구가 우글거리는 사람이 있는가 하면 그렇지 않은 사람도 있다. 전자는 하나 같이 화젯거리가 풍부하고 이야기를 매우 잘 한다. 우글거릴 수밖에 없는 이유다. 같은 화제로 재탕 삼탕 한다고 생각해보라. 생각만 해도 질리고 지리멸렬하다. 어제는 물론 몇 달 전과도 똑 같다. 언제나 같은 화제로 식상하게 만든다. 풍부한 화제는 독서와 문화생활과 여행과 첫 경험들이다. 남성들의 빠지지 않는 화제 중 하나는 군대 이야기다. 일상과는 분명 다른 새로운 경험들이기에 화제가 만발하는 것이다. 다양한 경험과 추억거리를 만들어 끊임없는 화제를 생산하라. 거미 똥구멍에서 거미줄을 뽑듯이…. 모든 것은 그대 자유다.

24. 첫 경험을 많이 하라

첫 경험은 도전과 변화의 주역만이 만날 수 있다. 첫 경험을 거창하게 생각할 필요는 없다. 어렵다고 지레 겁먹을 필요도 없다. 작은 사고의 전환들이 첫 경험을 낳는다. 늘 다니던 길에서 한 발작만 벗어나 보라. 온통 처음 대하는 것뿐이다. 새로운 책을 만나는 것도, 영화 연극을 감상하는 것도, 모두 새로운 만남들이다. 처음 가는 술집, 처음 먹는 음식, 처음 만나는 아주머니 아저씨, 처음 건너는 다리, 처음 보는 꽃, 나무 등 일상을 벗어나면 처음 대하는 것들이 지천이다. 매일매일 첫 경험을 시도하라. 새로운 것들과의 만남은 그대를 흥분과 기쁨으로 충만케 할 것이다. 그렇게 되면 그대의 삶은 분명 생동감 넘치고 신바람 난다.

25. 지금 당장 30, 40년을 설계하라

　현업에서 손 뗀지가 기껏 얼마나 되었다고 그때의 모습과 지금의 모습에서 너무 많은 차이를 드러낸다. 생기발랄하던 모습은 온데간데없고 늘어짐과 축 처짐과 무기력한 모습들 뿐이다. 삶의 고뇌가 누군들 없을까마는 그 받아들임의 시간이 너무 짧고 무게 또한 대단하여 온통 무너져 내리는 것이다. 희망과 용기를 품으라. 꿈을 잃지 말지어다. 젊을 때와는 또 다른 꿈을 잉태하라. 그리고 30 ,40년을 설계하라. 내게 맞는 꿈을 찾아 나서라. 내게 맞는 희망을 컨설팅 하라. 이 모든 것들의 전제는 언제나 '건강' 이다 .내 몸을 금쪽 같이 여기고 갈고 닦아라. 그래야 희망을 쏠 수 있고 꿈도 영글게 할 수 있다. 손자를 사랑하는 행위조차도 튼튼한 건강의 바탕 위에서만 가능하다.

　나약해지지 말지어다. 힘이란 근육의 힘만을 지칭하지 않는다. 그간 살아오면서 터득한 경륜과 지혜는 엄청난 재산이며 에너지다. 힘으로 살아가는 것이 아니고 지혜로 살아가는 것이다. 그대의 소중한 경륜과 지혜를 마음껏 발산할 수 있는 절호의 기회다. 목구멍에 풀칠하는데 전력투구하며 허둥대다 내 시간이랍시고 단 1분이라도 가져 본 적이 없지 않은가. '늙어 가지고' 하면서 자조 섞인 언어를 삼가라. 그런 폭언은 친구에게도 삼가라. 갈 길이 아직 멀다. 아름다운 경륜이라는 날줄과 지혜라는 씨줄로 인생 후반부의 멋진 피륙을 직조하라.

　할 일이 태산이며 무궁무진하다. 엉거주춤할 시간도 무기력해 할 시간도 없다. 대차게 나가자. 걷지 말고 뛰어라. 그리고 행하라. 당장.

26. 자기의 브랜드 가치를 높이도록 하라

이미 앞에서 몸은 자기라고 하는 기업의 브랜드라 했다. 하드웨어며 소프트웨어다. 같은 물건도 비닐봉지에 넣을 때와 예쁜 포장지에 싸여 있을 때와는 천양지차다. 여기서 얘기하고자 하는 것은 '옷이 날개'니 '외화내빈'이니 하는 것과는 분명 다르다.

브랜드 가치를 높이기 위해선 무엇보다 시간이라는 투자가 필요하다. 나를 위한 시간 투자를 과감하게 행해야 한다. 기업이 살아남으려면 R&D 투자가 필요 하듯 우리들 개개인에게도 마찬가지다. 건강해야 된다는 단순하고 쉬운 이론을 모르는 사람은 없다. 튼튼한 몸은 컴퓨터의 몸체다. 이를 위해선 구체적인 계획을 세우고 꾸준하게 지속적으로 해야 된다는 것이다.

그 다음으로는 잘 다듬어진 몸체에 소프트웨어를 집어넣는 작업이다. 이것의 다양성은 일일이 열거하기조차 힘들다. 이 항목에서 얘기하고 싶은 것은 다양성 보다는 집중을 강조하고 싶다. 남은 시간이 그렇게 여유롭지 못하다. 다품종 소량 생산의 T자형 체제, 말하자면 많은 것의 앎 속에서 선택과 집중을 해야 된다. 이 선택이 매우 중요하다. 평생 내가 가장 하고 싶었던 일이 무엇이었던가, 내가 가장 잘 할 수 있는 일은 무엇인가를 골똘히 생각하여 결정한다.

결정된 후에는 남은 생애를 즐거운 마음으로 매진한다. 그러면 자기의 브랜드 가치는 블루우 오션을 향해 멋진 돛을 올리게 될 것이다.

27. 자기만의 성을 구축하라

 남자는 가끔은 자기만의 공간을 그리워한다. 수사자가 동굴 속에서 제멋대로 뒹굴 듯 그 누구의 제재도 받지 않고 토굴 속에서 혼자만의 시간을 갈구한다. 그것은 유형의 공간일 수도 있고 무형의 공간이 될 수도 있다. 자기만의 시간을 보낼 수 있는 공간을 확보하고 자기만의 세계에서 주인이 되고 왕이 되는 것이다.

 무형의 공간이라 함은 자기만의 정신세계를 구축하고 그 울타리 속에서 활동하는 것이다. 타인과의 교류가 필요할 수도 있겠지만 과감하게 떨쳐버려라. 인간과의 잦은 만남은 자연을 멀리 하려는 데서 온 것이다. 우리들의 만남 문화는 비효율적이고 비생산적이다. 음주 가무와 남 흉보기, 제 자랑하기가 거의 전부다. 젊은 시절 파도에 이리저리 흔들렸다면 이젠 그런 자리를 떠나야 한다. 관조하고 명상하며 자기 정리가 필요할 때다.

28. 부지런 하라

부지런한 사람에겐 나쁜 땅이 없다고 했다. 행운은 그냥 찾아오지 않는다. 행운의 여신은 그대가 흘리는 땀방울을 세고 있다. 부지런함은 성공의 요소이며 부자가 되는 길이기도 하다.

거미도 줄을 쳐야 벌레를 잡는다. 뇌와 육체를 끊임없이 움직여라. 일찍 일어나는 새가 벌레를 잡듯 새벽을 사랑하라. 만물이 약동하는 이른 아침은 그대에게 또 다른 세상을 선물 할 것이다. 그 곳에서 희망과 환희를 만날 수 있다. 평생을 부지런하면 몸과 마음의 건강은 그냥 따라 온다. 그리고 모든 꿈이 영근다. 포도송이처럼.

♠ 참고로 병치레 않고 잘 사는 20가지의 좋은 습관을 적는다(영국 일간지 인디펜던트)

1. 자전거를 탄다

2. 많이 걷는다

3. 하나 이상의 취미를 갖는다

4. 결혼 생활을 잘 유지한다

5. 주말에 지나친 잠은 금물이다

6. 햇볕을 많이 쐰다

7. 많이 웃는다

8. 큰 소리로 노래 부른다

9. 열심히 양치질 한다

10. 애완동물을 기른다

11. 행복한 생각을 한다

12. 돈을 많이 번다

13. 생선을 많이 먹는다

14. 초콜릿을 많이 먹는다

15. 차 마시는 습관을 들인다

16. 카레는 건강에 좋다

17. 스파게티를 많이 먹는다

18. 적당량의 커피는 좋다

19. 술은 가볍게 한두 잔 하는 게 좋다

20. 껌을 씹는다

29. 인내하고 또 인내하라

나는 일기를 30년이 넘도록 써오고 있다. 내 일기장 각 페이지 상단에는 금언 세 개가 적혀있다.

1. 초심을 잃지 말자
2. 온유와 겸손은 가장 큰 무기다
3. 인내는 쓰나 그 열매는 달다

이렇게 매일 쓰고 읽어도 잘 지켜지지 않는다. 망각하기 일쑤다. 특히 2항은 실행이 매우 어렵다. 그래도 적지 않는 것보다는 나을 것 같아 매일 적으며 붙든다. 내가 은행에서 퇴직을 하고 지금까지 43번의 명함을 바꾸며 인내하지 못하여 그만둔 곳은 없다. 내 인내의 한계는 수없이 많은 도전과 시험을 당했지만 내가 늘 이겼다. 참는 데 이골이 났다. 43번째 직장이 지금의 직장이다. 벌써 6년이 되었다. 장수무대에라도 출연해야 할 판이다. 회사의 사장님은 건강이 허락할 때까지 다니라고 하신다. 요즘은 너무 환대 받는 것 같아 미안하고 죄스러운 마음도 생긴다. 언젠가부터 과연 나의 가치가 급여액보다 큰 것인가, 아니면 적은 것인가에 대한 의구심이 생겼다. 모 서울대 교수의 정년 퇴임식 때 후학들에게 당부한 얘기가 귓전을 때린다. "어디를 가서 무슨 일을 하든 '나의 가치 > 급여액'의 등식이 되도록 노력해야 한다"는 내용이다. 그는 또 나이가 든 사람은 큰 나무는 나뭇잎을 몽땅 떨어뜨려도 큰 둥치로 굳건히 제자리를 지키고 서 있는 '나력'(裸力)을 지니고 있다고도 했다. 언제 어디서든 굳건한 둥치의 힘 나력을 갖기를 바란다. 이 나력이 장수의 한 축을 형성하기 때문이다.

나름대로 장수 비결을 말한다면 여러 요인이 있겠지만 하나만 꼽으라고 하면 단연 '인내'다.

일기 책 상단에 적어둔 '금언'이라는 식사를 매일 한 덕분에 달콤한 열매를 먹고 있는 것이다. 이 글을 읽는 사람 중에서 직장이 필요하나 아직 없다면 눈높이를 낮추고 일단 입사하라. 그리고 궂은일부터 신바람 나게 하라. 정말 마음 속 깊이 우러나는 자세로 말이다. 한때 유행했던 '아더메치유' 상황이 그대를 짓누른다 하더라도 인내하라. 그리하면 달콤한 열매는 그대의 것이 된다.

　끊임없이 인내하라. 어떤 일이 있어도 문제에 대한 답을 즉시 얻으려 하지 마라. 그 문제 자체를 사랑하라. 그리고 그 문제와 함께 살아 보는 것이다. 인생의 긴 여정은 평탄한 길로만 이루어져 있지 않다. 언덕과 내리막으로 짜여져 있다. 언덕이 나타났다고 낙망할 필요도 없고 내리막이 나타났다고 좋아 날뛸 필요도 없다. 흥진비래요 고진감래다. 실패 고통 낙심 낙망 근심은 누구에게나 있다. 그러나 그런 역경 속에서도 희망의 싹은 언제나 움튼다. 그것은 바로 인내와 초심으로 돌아가는 것이다. 이것은 누구에게나 있지만 다만 발견하고 못하고의 차이가 있을 뿐이다. 대기만성! 큰 인물은 오랜 인고의 세월을 보낸 뒤 탄생한다. 대기업의 CEO들의 한결 같은 얘기는 인내와 시련을 먹고 자랐다고 한다. 사람뿐 아니라 자연 또한 마찬가지다. 매미는 어둡고 습한 땅 속에서 7년을 준비한 후 지상으로 나온다. 아름다운 음악을 1주일 들려주기 위하여…. 대나무도 땅 속에서 5년을 준비하고 지상으로 나와 한 달이면 모두 자란다. 인고는 쓰지만 큰 보약이다. 벙어리 삼 년, 귀머거리 삼 년을 실천하라. 우리 어머니 들 세대를 떠올리며…. 그대가 만약 취업을 희망하고 있다면 더욱 그렇다. 옛날은 잊어야 한다. 그리고 눈높이도 낮추어야 한다. 그런 마음을 소유했다면 그대는 어떤 곳에서든 뿌리 내릴 수 있다. 인내하고 또 인내하라. 그리하면 못 이룰 게 없다.

30. 취미를 갖도록 하라

공부만 하던 얌전한 친구가 있다. 고급 공무원으로 얼마 전 퇴임을 했는데 모임이 있을 땐 그의 평소 모습과는 달리 인기가 하늘을 찌른다. 끼가 발산 되는 것이다. 색소폰으로 '보리밭'과 '아! 목동아'를 연주하는데 그야말로 감동적이다. 아! 하는 감탄사가 모든 사람의 입에서 절로 나온다. 부럽기도 하지만 존경하고픈 마음이 생긴다. 이런 예는 물론 많이 있다. 주한 미국 대사로 있는 버시바워도 드럼 솜씨를 기회만 있으면 뽐낸다. 냉철하게 업무 처리 할 때와는 또 다른 모습이다. 시간만 나면 국내외를 막론하고 낚시를 떠나는 텔런트 이덕화 씨, 기회만 생기면 낙하산 점프를 하는 부시 전 미 대통령 등등….

크고 멋진 것만이 대상은 아니다. 작고 보잘것없는 것이 더 아름답다. 와인 동호회, 식도락 모임, 자동차 동호회, 난 수석 모임, 이색 산악동호회, 걷기모임, 마라톤모임, 문화유적 탐사회, 사이클 모임, 오지탐사 모임, 각종 봉사모임 등 자기의 혼과 열정이 담긴 취미 활동은 그대의 삶을 기름지게 하리라.

31. 이 세상 모든 것을 사랑하라

'독일인의 사랑 중에서' 에 이런 글이 있다.
'당신은 왜 나를 사랑합니까?'
'왜 당신을 사랑 하냐구요? 대답하기 전에 다시 묻겠어요.'
'우선 꽃에게 왜 꽃이 피었는지 물어 보세요.'
'당신은 왜 태어났는지 부모님께 물어보세요.'
'태양은 왜 빛나냐고 태양에게 물어 보세요, 마찬가지로 나는 당신을 사랑하지 않을 수 없기에 사랑합니다. 당신과 함께 기쁨을 나누라고, 당신과 함께 슬픔을 나누라고 신이 당신에게 보냈습니다.' 얼마나 감동적인 사랑의 고백인가.

누구에게나 가시 돋친 말을 해서는 안 된다. 그의 상처를 어루만져 주어야 하고 차가운 등을 따뜻한 스웨터로 감싸주며 현실을 사랑하고 현재를 아끼며 알뜰하게 살아야 한다.

아름다운 사랑은 서로를 존중하고 존경할 때 가능하다. 존중과 존경의 전제는 이해를 그 바탕으로 한다. 가슴 속 난로의 온도를 늘 점검해야 한다. 과열 될 때도 문제지만 식었을 때도 문제다. 가슴 속 난로가 식지 않도록 늘 점검해야 한다. 내 가슴 속에 냉랭함이 없도록 늘 장작불을 지펴야 한다. 온기가 감돌도록….

사랑은 물질로 하는 게 아니다. 물질로 한다면 부자 순으로 사랑의 순서도 매겨지리라. 그러나 물질로 이루어지는 사랑은 생명력이 없고 그 수명이 짧다. 사랑은 가슴 속에 피어오르는 따뜻한 난로의 온도로 이루어진다. 난로가 꺼지지 않도록 애써야 되며 부주의로 꺼졌다면 빨리 재 점화를 해야 된다.

눈을 감으면 모든 기능은 멈춘다. 눈을 뜨고 있을 때 이 세상에 존재하는 모든 것을 사랑하라. 연인은 말할 것도 없고 돌, 나무, 풀뿌리조차도 사랑하라. 삼라만상의 모든 것, 아니 미물조차도 한 없이 아름답다. 현재 그 자리에 있는 어떤 것조차도 신비스럽지 않은가. 무심히 지나칠 일이 아니다. 어제 죽은 사람은 오늘을 그토록 보고 싶어 하지 않았던가.

축제는 지금부터다. 사용하지 않은 생애 최고의 날들이 우리를 기다린다. 황사가 심한 날이면 어떻고 비바람 몰아치는 날인들 무슨 상관있으랴. 하루하루를 축제처럼 보내자. 흘러간 날은 반향 없는 메아리다. 매달리고 붙잡지 마라. 아무 소용없는 짓이다. 그냥 지나치기엔 이 세상은 너무 아름답다. 사랑하라. 사랑하라. 이 세상 모든 것을 사랑하라. 아낌없이….

32. 칭찬하라

　칭찬은 핵무기보다도 강하고 만년설도 녹인다.
　GE의 전 회장인 잭 웰치는 어린 시절 심한 말더듬이어서 늘 놀림감이 되곤 했다. 이런 잭 웰치에게 어머니는 '네가 말을 더듬는 이유는 생각의 속도가 너무 빨라 입이 그 속도를 따라 주지 못하기 때문이란다. 걱정 말아라. 너는 커서 큰 인물이 될 거야'라고 늘 격려하였다 ('칭찬은 고래도 춤추게 한다' 중에서). 이렇듯 칭찬의 힘은 가히 가공할 만하다 하겠다. 그러나 인간의 내면엔 못된 심리가 똬리 틀고 앉아 칭찬에 주저하게 하고 인색하다. 남 잘 되는 꼴은 생리적으로 보지 못하여 심한 배앓이를 해대는 족속이다. 반면에 남 안 되는 것 박수치기, 망하는 것 고소해하기, 올려놓고 흔들기, 이유 없이 평가 절하하기, 잘 못된 일 침소봉대하기에는 능수능란하다. '보지 않을 때엔 나라상감도 욕한다' 는 속담을 자의적으로 해석하여 마음먹고 잔인하게 짓밟는다. 칭찬에 인색한 사람의 심리의 뿌리에는 상대적 열등감 내지 상대적 왜소중의 느낌 때문이다. 사실은 그 반대인 데도 말이다. 칭찬도 오남용은 금물이다. 곰보를 보조개라고 칭찬하는 것이 안 됨은 물론이다. 부부관계, 자녀교육, 친구 문제 등, 모든 인간관계의 틈새는 적절한 칭찬으로 모두 메워진다. 우리는 입을 두 개 가지고 있다. 하나는 얼굴에 있는 입이요 다른 하나는 마음속에 있는 입이다. 이 마음속에 있는 입이야 말로 매우 중요하다. 사악한 마음을 품고 있으면 액면 그대로 입은 뱉어낸다. 사악하고 강퍅한 마음에서 벗어나라. 마음속 사슬을 끊고 열린 마음으로 칭찬하라. 칭찬보다 더 강한 무기는 없다.

33. 모든 허물을 용서하라

　관대하라. 그리고 옹졸함에서 벗어나라. 성경에는 그날의 분을 잠자리까지 이어 가지 못하게 한다.

　희대의 살인마 유영철, 그는 고종원 씨의 아내와 4대 독자인 아들과 어머니를 죽였다. 그러나 그는 그를 용서하였다. 이라크에서 참수 당한 김선일 씨, 그 부모들은 용서하였다. 용서 중에서도 가장 힘든 용서가 아닐까 싶다. 그들은 위대하다. 가슴에 담고 저 세상까지 갈 필요가 있겠는가. 용서하지 못하여 생긴 화병은 그대를 쓰러지게 할 수도 있다. 법구경엔 이런 구절이 있다. '녹은 쇠에서 생긴 것인데 점점 그 쇠를 먹는다.' 마음이 그늘지고 화로 가득 차 있으면 그 사람 자신이 녹슬고 만다. 용서로 녹을 닦아 내자.

34. 부드럽고 여유를 갖도록 하라

　임종을 앞둔 늙은 스승이 마지막 가르침을 주기 위해 제자를 불렀다. '내 입에 무엇이 보이느냐?' '혀가 보입니다.' '이는 보이지 않느냐?' '보이지 않습니다.' 딱딱한 것 즉 강한 것은 모두 사라지고 부드러운 것만 남는다는 교훈이다. 실제로 지구상에 공룡 같은 강하고 큰 것들은 모두 사라지고 개미 같은 보잘것없는 존재들은 우리와 함께 살아가고 있다. 삶의 여유는 그대 자신이 만든다. 커피 한 잔의 여유도 좋고 음악 한 곡의 여유도 좋다. 쫓기듯 허둥대지 마라. 꽉 죄어진 나사를 모두 풀고 그대의 뼈 조각과 세포 사이로 여유가 스멀스멀 기어들도록 하라. 마음먹기 달렸다.

35. 음악을 듣도록 하라

 음악과 가까워져라. 장르는 구분할 필요 없다. 유행가든 가곡이든 무슨 상관이랴. 클래식도 좋고 팝송도 좋다. 특히 20, 30대에 즐겨 듣던 추억의 노래를 들을 땐 묘한 쾌감에 젖어든다. 향수도 모락모락 피어오른다. 따라 흥얼거리면 더욱 좋다. 직업별 수명을 비교한 자료에 의하면 예술인들이 가장 오래 산다. 음악을 들으며 분노와 격한 감정을 가라앉힌다. 노래를 부를 때 분노한 상태에서는 불가능하다. 기쁠 때 엔도르핀이 샘솟는다. 엔도르핀은 암 세포도 죽인다는 연구 결과가 있다. 즐거운 마음, 기쁜 마음, 평온한 마음은 스트레스를 몰아내고 모든 기능을 원활하게 한다. 비단 이것은 인간에게만 국한하는 것이 아니다. 젖소는 우유를 많이 짜고, 닭은 굵은 알을 낳는다. 음악을 들으면서 자라는 화초는 강하고 실하다. 분노와 격정에서 벗어나라. 내가 나를 다스려야 한다. 좋은 음악으로.

36. 비만 관리 하라

　비만한 자에게 살 좀 빼라고 하면 진정한 속마음을 알 수는 없지만 천연덕스럽게 '생긴 대로 살게 내버려둬' 이런다. 태평하기 짝이 없다. 그것은 여유도 배짱도 아니다. '미련한 사람은 비를 맞지만 영리한 사람은 비를 피한다' 는 속담을 한번쯤 떠올리기 바란다.
　대중목욕탕에 가면 그야말로 가관이다. 이상적인 체형을 가진 사람은 가뭄에 콩 나듯 보기 힘들다. 90%이상은 뚱뚱한 사람들이다. 몸을 어찌 저 지경이 되도록 내버려 두었을까 싶을 만큼 심각하다. 좁은 어깨, 가는 다리, 볼록한 배, 전형적인 캥거루 형 또는 거북형(거미형)이다. 그나마 캥거루형은 하체는 튼실한 편이다. 본인들은 비만이 얼마나 무서운 질병인지를 잘 인지하지 못하고 있는 모양이다. 자기의 체 질량지수를 정확히 알고 꾸준한 노력만이 질 높은 삶을 향유할 수 있다는 점을 명심해야 한다. 체 질량지수는 몸무게를 키로 나눈 뒤 다시 한 번 키로 나누면 체 질량지수가 나온다. 20미만은 저 체중이며, 20~24는 정상체중, 25~30은 과체중, 30이상은 비만으로 분류한다. 관리하지 않으면 죽는다고 생각하라. 비만은 질병이다. 어리석게도 한 때는 비만을 인격이라 칭송하며 얼굴에 번들거리는 개기름을 선망의 대상으로 여겼던 적이 있다. 비만인 자는 움직이는 종합병원이다. 성인병의 거의 모두는 비만에서 비롯된다. 당신은 어쩔 셈인가. 죽음에 이르는 지름길 비만, 방치할 것인가 벗어날 것인가.

고등학교 때까지 축구 선수로 지냈던 내 친구 A군, 잘 생긴 외모에 조각 같은 몸매를 갖고 있었다. 잘 발달된 하체와 체력 단련으로 만들어진 상체는 탐스러웠다. 은퇴 후 스포츠 용품 사업을 하면서 큰 재산도 일구어 부러움의 대상이었다. 문제는 사업이 기울고 부도가 나면서 그는 폭음 폭식 줄담배로 자기 몸을 자학하였다. 성을 쌓기는 힘들어도 망가뜨리는 건 시간문제다. 1m73cm의 키에 68kg의 탄탄하던 몸매는 1년 사이에 94kg의 항아리 형 집 돼지가 되어 있었다. 10여 년 전부터는 고혈압과 당뇨에 시달린다. 지금은 합병증으로 주 1회 인공투석을 하며 생활한다. 얼굴은 두꺼비처럼 되었고 튼실하던 하체는 볼품없는 젓가락으로 바뀌었다. 덕분에 또 하나 얻은 선물은 관절염이다. 보행에 애를 먹는다. 지팡이에 의존하여 겨우 바깥 출입하는 그 친구를 보면 슬프다. 눈물이 난다. 어쩌면 저렇게까지 변할 수 있을까. 옛 모습의 흔적은 1%도 찾을 길 없다.

♠ 참고로 뚱뚱한 중년(노인)의 운동법과 복부비만 줄이기 7계명을 적는다.

1. 뛰지 말고 걸어라(가벼운 대화 가능할 정도로)
2. 운동 전후 준비운동을 철저히 하라
3. 처음엔 15분, 이후 1주일에 5분씩 운동시간을 늘려간다
4. 운동과 식이요법을 병행한다
5. 무리하지 말고 1주일에 500g 정도만 빼라
6. 운동시작 전 반드시 운동 처방을 받아라(동아일보 '헬스'란에서 발췌)

복부 비만 줄이기 7계명

(서울백병원 비만센터 강대헌 교수)

1. 규칙적인 식사와 천천히 부족한 듯 먹기

2. 군것질, 특히 야식은 하지 않는다

3. 매일 6~8잔의 물을 마신다

4. 유산소 운동 30분 이상, 1주일에 3회 이상 한다

5. 스트레스는 최소한으로 줄인다

6. 인스턴트 음식은 피한다

7. 대중교통을 이용한다

37. 기도하고 명상하라

　기도는 하루를 여는 아침의 열쇠이고 하루를 마감하는 저녁의 빗장이다. 사람의 몸에 음식이 필요하듯 우리의 영혼에는 기도와 명상이 필요하다. 성경에는 이런 글이 있다. "항상 기뻐하라, 쉬지 말고 기도하라, 범사에 감사하라."(데살로니가 전서 16,17,18절) 우리가 헬스클럽에서 육체를 단련하듯 끊임없이 영혼을 깨우치고 연단을 쌓아야 한다. 늘 깨어 있어야 한다. 기독교에서 물고기를 상징물로 삼은 것은 잘 때도 눈을 뜨고 자는 것에서 연유했음이리라.
　어찌 보면 기독교인들만 기도 하고 찬송하는 것으로 알고 있지만 꼭 그렇지 만은 않다. 최근엔 운동시설 못지않게 심리 치료 훈련하는 곳이 많다. 방학 때를 맞아 산사에서 템플

스테이 행사에 참여하는 단체나 개인이 부쩍 늘어나는 것만 봐도 그렇다. 명상은 자기 정리다. 자기를 이해하고 타인을 이해하며 새로운 삶을 꿈꾸는 또 다른 형태이다.

믿음에 대한 갖가지 이론과 해석이 넘쳐나지만 천당이니 구원 같은 종교적 본연의 색채 말고도 정신을 맑게 하고 영혼을 깨치며 맑은 피 돌기를 위한 다는 측면에서 바람직하다. 인간은 네 끼 식사를 해야 한다고 말한다. 세끼는 밥을 먹고 한 끼는 영혼의 양식인 기도와 활자를 먹는다.

쉬지 말고 기도하라. 그대는 늙지 않는다.

38. 아내를 사랑하라

얼마 전 모 경제지에 실린 칼럼이 눈에 선하다. 뭐니 뭐니 해도 노후대책의 첫 번째는 아내와 사이가 좋게 지내야 된다는 내용이었다.

새삼스럽기까지 한 이 주제는 나이 들수록 절대적이다. 열 자식보다 한 처가 낫다고 하지 않는가. 아내 사랑만큼 확실한 노후 펀드는 없다. 나이 들어 부부 금슬이 좋은 사람이 있고 그 반대인 경우도 있다. 전자는 말할 것도 없이 이재 펀드, 행복 펀드, 건강 펀드에 가입한 사람으로 사랑과 미움이 녹아 있는 소프트웨어 펀드이고 후자는 껍데기 만 보고 살아온 하드웨어 펀드 가입이다.

아내 사랑 펀드는 실패가 없다. 주식형 펀드처럼 수익률의 기복이 심하고 불안하지도 않다. 채권형 펀드처럼 안정적이며 울트라 금리를 보장한다. 시중의 회자되는 일반 펀드의 수익률과는 비교자체를 거부한다. 고배당의 펀드를 찾는답시고 엉뚱하게 바깥에서 헤매지 마라. 모두 쓸데없는 짓이다. 무조건 아내를 사랑하라. 그 곳엔 달콤한 꿀도, 재물도, 행복도 모두 있다. 아무리 퍼내도 마르지 않는 샘이요 영원한 행복의 화수분이다.

39. 지갑은 열고 입은 닫도록 하라

　플라톤의 행복론은 이렇다. 재산은 자신이 원하는 수준을 충족시키지 못하는 정도이고 품성과 용모는 사람들이 칭찬하기에는 약간 모자라면 되고 누구나 성취하려고 하는 영예는 본인이 자만하고 있는 것에 절반이면 충분하다고 했다. 적당히 모자란 재력과 재능을 가지고 열심히 사는 것이 오히려 행복하다는 것이다. 욕심을 부려가며 무엇에 쫓기듯 아등바등하는 사람은 생활이 늘 불만스럽다. 여유를 가지고 스스로의 즐거움을 찾을 수 없어서다. 유유자적하면서 욕심을 버릴 때 행복을 느낀다. 물질적 풍요가 삶의 질의 기준이 되지 않는다는 것은 방글라데시나 인도 사람들의 행복지수가 웅변으로 말해주고 있다. 긴장이나 초조 걱정 짜증 등의 부정적인 감정을 없애는 것만으로도 삶의 질은 얼마든지 향상시킬 수 있다.

공자님 말씀이 떠오른다.

반소사음수(飯蔬食飮水)하고
곡굉이 침지(曲肱而枕之)라도
낙역재기중(樂亦在其中)이니
불의이 부차귀(不義而富且貴)는
어아에여부운의(於我如浮雲矣)니라.

나물밥 먹고 물마시고, 팔을 굽혀 베개를 하고 자더라도, 낙은 그 가운데 있으니, 정의롭지 못한 부 또한 귀는, 나에게는 뜬 구름과 같으니라. 진정 흉내 내고 싶다. 이젠 움켜 쥘 나이가 아니다. 꼭 쥔 주먹일랑 펴고 툭툭 털 때다. 모든 잎을 떨어뜨리고 빈 가지만 하늘을 향해 뻗은 겨울나무처럼 무심의 상태로 돌아가야 된다. 샤일록 같은 수전노는 되지 마라. 그대의 지갑에 돈이 있다면 친구와 함께 식사하라. 그리고 한 잔 술도 나누라. 기분 좋은 화제로 호쾌하게 웃으라. 예민한 화제는 피하라. 첨예한 논쟁도 피하라. 모두 부질없는 짓이다. 계산은 돈 있는 그대가 망설이지 말고 하라. 혹시 하는 마음으로 주저하거나 구두끈을 매는 척도 하지 마라. 젊어서는 애교로도 봐 줄 수 있지만 지금은 추하다.

돈의 여유가 있다면 친구에게 책을 사주라. 함께 여행도 떠나라. 빈손이 훨씬 많은 것을 잡는다. 털어내고 가지치고 열어라. 무엇을 아껴 어디로 어떻게 가지고 가겠다는 건가.

지갑은 되도록 자주 열고 입은 가능하면 닫도록 하라. 그렇지 않아도 '늙으면 양기가 몽땅 입으로 올랐다'고 핀잔들 하는 판이니 잘 새겨 행해야 된다.

40. 시간 관리를 잘 하라

'언제'라는 시간은 존재하지 않는다. '다음'이라는 시간도 존재하지 않는다. '언제(다음에) 술 한 잔 하자'는 약속을 하지 않음과 같다. 시간엔 '지금'만 있을 뿐이다. '내일'은 매우 빨리 온다. '어제'는 잠깐이고 '옛날'은 더욱 잠깐이다. 시시한 일로 소일하지 말 것이다. 소소한 일에 매달리기엔 시간이 너무 짧다. 시간 재단을 잘 하라. 아주 잘게 재단하라. 그렇지 않으면 시간 전체를 잃어버린다. '즉시 현금 갱무 시절'(卽時現今更無時節)이란 말이 있다. 바로 지금이지 다시 시절은 없다는 뜻이다. 한번 지나가 버린 과거를 가지고 되씹거나 아직 오지도 않은 미래에 기대를 두지 말고 바로 지금 그 자리에서 최대한으로 살라는 뜻이다. 나이 먹는 다고 하는 것은 살아 있는 시간이 줄어든다는 의미다. 지금 이 순간을 놓치지 말라. '나는 지금 이렇게 살고 있다' 고 순간순간 자각하며 외쳐라. 이 순간을 헛되이 보내면 안 된다. 이런 순간들이 쌓여 한 평생을 이룬다. 너무 긴장하지도 마라. 너무 긴장하면 탄력을 잃게 되고 한결같이 꾸준히 나아가기 어렵다. 사는 일이 즐거워야 한다. 시간이라는 재화를 갖고 있는 그대는 부자다. 가장 부지런한 사람이 가장 많은 시간을 갖는다. 그러면 더욱 부자다.

금강산 관광을 다녀온 친구 녀석의 얘기가 떠오른다. 금강산 관광 길에 오른 관광객 중 몇 명이 아침에 조깅을 하였단다. 북한 경비병이 이 모습을 보고 '왜 쓸데없이 헛바퀴 도느냐' 고 하더란다. 먹고 사는 데 급급한 북한 병사 눈엔 조깅의 진정한 의미를 알 리 없다. 조깅에 담긴 질 높은 삶의 의미를 모르는 건 당연한지 모르겠다. 시간의 멋진 운영의 일부이지 결코 헛바퀴 도는 것이 아닌 데도 말이다.

41. 3080의 고지를 점령하라

모회사 치약광고가 아니다. 노인이 이루어야 할 절체절명의 명제요 과제의 숫자다. 삶의 질을 업그레이드하기 위한 노인에게 주어진 책무다. 말하자면 이렇다.

30대의 체력을 80대까지 60년간을 유지하라는 얘기다. 많은 사람들이 고개를 갸우뚱 할지 모르지만 분명한 것은 가능하다는 점이다.

실증적으로 지난해 초에 88세로 타계한 전 체육회장 민관식 씨는 운명 하루 전까지도 친구들과 테니스를 즐겼다. 텔레그래프지의 디디스 씨는 현역 기자다. 그의 나이는 무려 93세다. 산악 그랜드 슬램을 달성한 박영석 씨는 '1%의 가능성만 있으면 도전한다'고 했다. 도전을 좋아하는 필자도 반드시 해내고 싶다. 그 가능성은 1%보다 훨씬 높다고 여겨진다. 현재의 몸 상태로 가늠해 본다면 가능하리라는 생각도 든다(물론 많은 변수들이 있긴 하겠지만 그런 변수는 신경 쓰지 않기로 하겠다). '혼자만 그렇게 건강하면 어떻게 하나'라고 책망하던 친구 생각이 떠올라 지금껏 행해온 나만의 건강법을 소개한다(건강법이라기보다는 나의 생활의 한 부분이라고 얘기 하는 것이 낫겠다). 여기서 소개하는 운동은 필자가 30여 년간 지속적으로 해온 것들이다.

환갑이 넘도록 흔한 감기 한번 걸리지 않을 정도로 건강한 몸을 갖고 있다는 것도 꾸준히 해온 운동 덕분이라는 생각을 지울 수 없다. 어쨌든 감사한 일이다.

이 글을 읽고 단 며칠, 몇 개월 몇 년간만 해보고 효과 운운 하려면 아예 시작 하지 않기 바란다. 그런 조급증 소유자에겐 어떤 정답도 무용지물이기 때문이다.

죽기 전까지 먹어야 될 보약은 개소주나 인삼 녹용, 비아그라 같은 것들이 아니고 바로 '운동과 금언'이라고 이미 강조한 바 있다.

내 생활의 일부분을 소개한다.

1. 새벽 4시에 일어난다

2. 냉수로 얼굴을 씻는다

3. 냉수 한 컵을 마신다

4. 누운 자세에서 귀를 당겼다 놓기를 30회 반복한다

5. 입을 크게 벌렸다 오므렸다를 5회 실시한다

6. 열손가락을 세워 머리를 골고루 두드린다

7. 양손의 검지와 중지로 콧등을 30회 마사지 한다

8. 따뜻해진 손가락으로 눈 위를 부드럽게 문지른다

9. 그 상태에서 눈알을 상하좌우로 10회씩 돌려준다.

10. 배를 4등분하여 손가락을 편 양손을 사용하여 시계 방향으로 힘을 주어 마사지 하듯 30회씩 문지른다

11. 다음엔 배 전체를 30회 문지른다(시계방향, 반대방향으로)

12. 검지와 중지로 단전을 10회 눌러 준다

13. 손가락 전체를 편 상태에서 치골 부위를 마사지 한다

14. 다섯 손가락으로 회음부(괄약근) 부위를 마사지 한다

15. 결가부좌 자세로 앉는다

16. 백회(정수리)를 눌러 자극한다

17. 용천(손으로 발가락을 쥐었을 때 발바닥 앞부분에 움

푹 들어간 곳)을 꾹꾹 눌러 자극한다

18. 삼초혈(손목가운데 움푹 들어간 곳)을 눌러 자극한다

19. 복식호흡을 한다(들숨, 날숨 각 5회)

20. 항문 조이기 운동을 50회 행한다

21. 누운 채 두 다리를 들어 웅크린 자세를 취한 후 얼굴과 반대 방향으로 움직여 바닥에 닿게 한다(각 10회)

22. 두 다리를 직각으로 들었다 놓았다(바닥에 닿으면 안 됨)를 50회 이상 행한다

23. 양손으로 귀를 잡은 상태에서 양 팔꿈치로 다리를 들어 올린 웅크린 상태의 무릎이 닿도록 하여 50회 이상 실시한다.

 - 약 20분 소요됨

♠ 상기 운동은 평소 사용하지 않는 근육을 훈련시키고 기와 혈을 잘 통하게 하는 운동이다

24. 실내 운동이 끝나면 복장을 갖추고 달리기를 시작한다. 50분쯤(약 8km) 달리고 무게 운동을 한다. 이때 팔 굽혀 펴기와 벤치프레스, 스탠드 프레스로 근육운동을 한다.(유산소 운동으로 지구력을 향상 시키고 무게 운동으로 근육량을 늘린다)

25 상기 운동은 주 5회 이상 1회 30분 이상 땀이 날 정도로 한다

26. 이 운동법 이전에 반드시 이행해야 될 것들이 있다. 말하자면 이 모두는 절제 있는 생활 습관이 전제 되어야 가능하다

- 일찍 자야 일찍 일어 날 수 있다(10시 취침 4시 기상)
- 하루 세끼는 반드시 먹는다
- 간식은 (가능한 한)하지 않는다
- 금연은 기본이고 절주한다
- 빠른 효과를 기대하며 욕심을 부려서는 안 된다
- 때가 되면 밥을 먹듯 생활의 한 부분이 되도록 즐겁게 행한다
- 심신이 피로하지 않도록 해야 하며 어떤 상황이든 즐긴다
- 즐거운 마음으로 웬만한 거리는 걷는다
- 에스컬레이터, 엘레베이터는 타지 않는다
- 전철에서 빈자리가 있어도 앉지 않는다
- 차 속에는 악력을 강하게 하는 운동기구를 놓아두고 수시로 한다

♠ 생활 자체를 건강생활 체제로 하는 마인드의 전환이 필요하다.

♠ 무엇 보다 중요한 것은 '게으름'과 싸워서 이겨야 한다. '게으름'이라는 시시한 상대와 싸워 패할 정도의 나약한 의지의 소유자라면 어떤 것도 시도하지 말기를 바란다

♠ 참고로 미 포브스 지가 소개한 장수 비결 20가지를 싣는다

1. 8시간 이상의 수면은 백해무익이다(오래 살려면 오래 자지 마라)
2. 긍정적인 사고를 갖는다
3. 충분한 성 관계를 갖는다
4. 애완동물을 기른다
5. 정기적인 콜레스테롤 수치를 체크한다
6. 경제적으로 윤택해야 한다
7. 금연은 필수다
8. 감정 조절을 잘 한다
9. 항산화제를 섭취한다(시금치나 브로콜리 같은 베타카로

틴이 풍부한 음식)

10. 결혼을 잘 한다(장수가 유전적 요인이라고 본다)

11. 규칙적으로 운동한다

12. 자주 웃는다

13. 적정 체중을 유지한다

14. 스트레스를 조절한다

15. 명상을 한다

16. 좋은 지역에서 산다

17. 자기 자신에게 도전한다

18. 생활을 즐긴다

19. 식사량을 줄인다

20. 정기적인 건강검진을 한다

42. 웰다잉(참 죽음)을 준비하라

　가능하면 쉼표나 진행형은 지양하고 1년에 한 가지씩 마침표를 찍는다. 이사 갈 때 우리는 목록 별로 짐을 꾸린다. 깨지기 쉬운 것과 귀중품은 이름표를 붙여 구별한다. 마지막으로 걸레와 연탄집게까지도 챙긴다. 떠난 빈 집에는 고요만 남는다. 그렇게 정리하고 떠나야 한다. 유서도 미리 써놓아야 한다. 어느 날 갑자기 혼절해 버린다면 어쩌겠는가. 예부터 효자는 수의와 관을 미리 준비한다고 했다. 어찌 보면 일찍 돌아가시기를 바라는 것처럼 비칠 수도 있지만 사실은 그와 반대라 하지 않는가. 맑은 정신일 때 유서를 써놓아라. 구차한 생명 연장에 매달리지 않고 깨끗한 죽음을 맞겠다는 죽음 선언문도 있다. 뇌사상태에 빠진 경우나, 수

술해 봤자 고작 몇 개월 심장 박동만 연장하는 따위는 인명 존중 운운에 앞서 지양해야 한다는 생각이다. 목숨을 담보로 병원의 욕심만 채우는 행위 들이 오히려 비 인륜으로 보이는 것은 나만의 편협 된 사고인가. 이 세상에서 최고의 선물은 '탄생'이며 최악의 것은 '죽음'이다. 이 모두는 필연이지 선택사항이 아니다. 이 죽음을 함부로 할 일이 아니다. 최근 독버섯처럼 번지는 자살 신드롬도 안타깝기 그지없다. 그 주인공들이 유명인이어서 더욱 충격을 주고 있다. 매스컴에서도 베르테르 효과 운운하면서 확산을 우려한다. 실제로 25세의 나이에 '젊은 베르테르의 슬픔'을 쓴 괴테는 당시 죽음을 생각할 만큼 사랑의 열병을 앓고 있었고 이별의 아픔을 겪었다. 본인의 이야기를 쓴 자전적 소설인 셈인 이 소설 속 주인공 젊은 베르테르는 자살로 생을 마감 했지만 진작 본인은 76세까지 장수하였다. 생명은 코 묻은 휴지처럼 아무렇게나 버리는 하잘것없는 것이 아니다.

언제부터 인가, 웰빙에 대한 정보가 홍수를 이룬다. 우리들은 너무 쉽게 달아오르고 너무 쉬 식는다. 우리 민족성의 대표로 칭송 받던 은근과 끈기는 자취를 감췄다. 세태에 따른 변화라고 보아 넘겨야 할지 고개를 갸우뚱 할 때가 많다.

문제는 웰빙의 홍수에 휩싸여 다른 어떤 것도 존재하지 않는 듯한 사회 병리현상이다. 잘 생각해보면 소비자들이 현명하게 대처해 나가지 않으면 이런 현상은 지속적으로 일어날 수밖에 없다. 수많은 매스 미디어 입장에선 끊임없이 정보를 생산해 내야 된다. 그런데 정보 생산엔 한계가 있게 마련이다. 같은 내용을 뒤집고 비틀어서 언뜻 보기엔 다른 정보인양 위장한다. 상품의 광고도 마찬가지다. 달콤하게 유혹한다. 소비자는 꼼짝 없이 당한다. 문제는 소비자의 굳건한 심지 부족과 얕은 지식 때문이다. 뿌리 깊은 나무는 결코 바람에 흔들리지 않는다. 온 세상이 웰빙 천국이다. 참살이가 잘 못되었다는 게 아니다. 흥분하고 요동치면 물건을 파는 사람만 유리하다. 조용하게 참살이를 이행하라. 진정한 참살이가 무엇인지 생각하라. 이젠 참 죽음에 대해 눈 뜰 때다. 지향점이 웰다잉과 맞춰져 있으면 삶은 자연스럽게 참살이가 된다. 너무 시류에 흔들리지 말고 마지막 멋진 마침표를 위해서 멋진 삶을 영위하라.

43. 자서전을 쓰도록 하라

나의 인생을 돌아본다. 나는 어떤 삶을 살았는가. 나는 무엇을 하며 인생을 보냈는가. 눈물 서 말, 웃음 서 말 차곡차곡 생애 기록을 꼼꼼히 적으며 나의 인생을 글로 남긴다. 일제시대, 6.25, 5.16. 10.26, IMF 등 파란 만장한 시대를 살아 온 주역들이다. 국민소득 50달러에서 2만 달러 시대를 살아 온 세대다. 어찌 애환이 없을 소냐. 잘난 것도 대단한 업적도 없는 대다수 보통사람들이지만 그 속에는 분명 남과 다른 이력이 녹아 있게 마련이다.

누가 읽어 주기를 기대하지도 말고 단순하게 내 삶을 뒤돌아본다는 생각에서 쓰면 된다. 그러나 만약 가족들이라도 읽어 준다면 아버지, 할아버지의 글을 통해 삶을 꿰뚫어 볼 수 있는 시각을 갖게 될 것이며 자신은 매우 보람을 느낄 것이다.

우리가 흔히 자서전이라고 하면 특별한 사람, 이를테면 유명 정치인이나 재벌들의 전유물이거나 선거철을 맞아 출마자들의 홍보 전략의 하나로 생각하였다. 그러나 지금은 다르다. 자신의 생애를 담담하게 정리하려고 황혼기에 자서전을 쓰는 할머니 할아버지가 늘고 있다. 2002년 한 인터넷 사이트에 50대 후반의 주부가 자서전을 연재해 잔잔한 감동을 일으킨 적이 있다. "남편이 훌륭하게 직장생활을 마치고 은퇴할 나이가 되고 아이들도 크니 '난 뭘 했나' 싶어 무력감이 들었다"는 그 주부는 이때부터 연도 별로 자신의 일생을 정리했다. 다행히 신혼여행 때부터 꼼꼼하게 기록해 놓은 수첩이 큰 도움이 됐다. 매일매일 일기를 쓴다는 것은 매우 유익하다. 후일 자서전을 쓸 때도 훌륭한 자료가 됨은 물론 자기를 늘 뒤돌아 볼 수 있어 좋다. 글 솜씨가 늘어나는 것은 덤이다.

필자가 30년이 넘도록 일기를 써 온 것은 이젠 생활의 한 부분이다. 이 책을 쓸 수 있도록 힘을 길러 주었음은 물론이다.

지금도 늦지 않다. 세월이 흘러 지금 현재의 시간을 한탄하지 말고 오늘부터 일기를 쓰라. 자서전을 쓰라.

경험자들이 말하는 자서전 쓰기 노하우를 적어 본다.

1. 자신에 대한 기록을 찾아본다. - 옛날 앨범, 빛바랜 결혼사진, 아이들 돌 사진 등을 보면서 당시 느꼈던 감상이나 일어났던 에피소드를 정리한다. 책상서랍도 한번 살펴보자. 어느 칸에서 소학교 졸업장, 첫 월급명세서가 튀어나올지 모른다
2. 기억에만 의존하지 마라 - 옛날 일이란 게 항상 가물가물하게 마련이다. 기억력엔 한계가 있다. 신문이나 연감을 활용하면 도움이 된다
3. 솔직해야 한다 - '나만의 자서전'의 존재가치는 문장력보다 진솔함에 있다. 누구나 나쁜 일은 감추고 싶고 축소하고 싶다. 그러나 '나만의 자서전'에선 가식이나 미화는 금물이다
4. 글쓰기를 두려워 마라 - 명문장으로 써야 한다는 스트레스에서 벗어나 그냥 쉽게, 편하게 쓰면 된다. 그래도 글 욕심이 생긴다면 다른 사람의 글을 많이 읽고 좋은 문장은 별도로 적어 놓았다가 나중에 흉내 내 본다
5. 지금부터라도 기록을 꼼꼼히 하라

44. 인생을 즐기도록 하라

 즐기는 것도 즐길 줄 아는 것도 능력이다. 그리고 어떤 생각을 갖고 있느냐가 매우 중요하다. 소설가 김이연 씨는 인생을 즐기라는 아버지의 충고가 무척이나 고맙게 느낀다고 실토한 적이 있다. 미국의 심리학자 미하이 칙센트 미하이는 '삶의 질을 결정하는 것은 여가를 어떻게 즐기는 가에 달렸다'고 했다. 여기서 '즐긴다'는 춤추고 마시고 달리고 가 아니고 '몰입한다'는 뜻이다. 인생을 적극적으로 즐길 줄 아는 능력을 기르기를 바란다. 인생을 아무리 설리홍과니 일장춘몽이니 하더라도 풀잎에 맺힌 이슬처럼 살다 가기엔 아깝지 않은가.

45. 끝까지 활력을 유지하라

요즘 경로당에선 70대면 '청춘'이다. 우스갯소리로 '물심부름하는 아이' 정도 취급 받는다. 그 만큼 고령 층이 늘어났다는 얘기다. 우리나라 남녀 평균수명(2005년 통계)은 77세다. 이는 어릴 때 사망한 사람의 연령까지 포함한 평균치, 청·장년기를 별 탈 없이 보낸 뒤 노년기를 앞둔 사람의 수명은 평균수명보다 크게 늘어난다. 은퇴 후 20~30년을 살아야 한다. 건강관리는 어떻게 해야 할까.

우선 암 예방에 최선을 다해야 한다. 노년기를 위협하는 가장 무서운 존재가 암이다. 따라서 발암인자를 멀리하고 검진을 통해 암을 조기 발견하는 것만이 최상이다. WHO는 암 환자 중 3분의 1은 금연, 간염 백신접종, 운동, 건강한 식

생활로 예방하고 3분의 1은 조기 진단, 조기치료로, 나머지는 적정한 치료로 진행을 늦출 수 있다고 발표했다.

다음으로 순환기 질환 예방이다.

뇌졸중, 심장병, 동맥경화, 고혈압, 고지혈증 등 순환기질환은 노년기 건강을 위협하는 가장 흔한 만성병이다. 나이가 들수록 혈압관리를 적극적으로 해야 한다. 왜냐하면 고혈압 관리는 순환기 질환 예방의 첫 걸음이기 때문이다.

다음으로 필수적인 것은 운동이다.

남들 따라 운동하기보다는 자신의 체력과 건강 상태에 꼭 맞는 맞춤운동을 해야 한다. 노년기에 접어들수록 달리기나 테니스 같은 동적인 운동보다는 요가 기공 스트레칭 걷기 등 격렬하지 않은 정적인 운동이 좋다. 여기에 더하여 근육 강화 운동도 필수적으로 해줘야 한다. 육체적 건강 못지않게 정신건강도 매우 중요하다. 이를 위해선 뇌를 많이 쓰는 게 좋은데 독서가 무엇보다 좋다. 산책이나 화단 가꾸기 같은 것도 유익하다.

참고로 '이것만큼은 지켜야 건강 노인'을 적어 본다.

1. 정상혈압을 유지해야 한다(120/80)

2. 정상체중을 유지해야 한다(BMI:18.5-23)

3. 정상 허리 둘레를 유지해야 한다

4. 매년 건강 검진, 치과 검진을 받는다

5. 불필요한 약제나 보약 등을 멀리 한다

6. 절대 금연, 술은 하루 한두 잔만 한다

7. 하루에 물 2리터(7~8잔 정도)를 마신다

8. 세끼 식사와 2회 간식을 정해진 시간에 한다(아침-간식-점심-간식-저녁)

9. 식사 땐 생선 야채 등을 포함한 여러 종류의 식품을 골고루 섭취한다

10. 매일 우유나 두유를 한두 잔 마신다

11. 채소와 과일을 충분히 먹어 배변 활동을 돕는다

12. 동물성 기름을 멀리한다(살코기 섭취는 무방)

13. 하루 30분 이상 신체 활동(스트레칭과 걷기 등)을 한다

14. 취미 활동 등 매일 정기적으로 하는 일을 정해 놓는다

15. 가족, 친구, 이웃 등과 꾸준히 대화하고 관계를 유지한다

(자료: 분당 서울대 병원 노인병 내과)

46. 나이답게 처신하라

　나이 들어가는 것엔 별도의 노력이 필요 없다. 시간이 흐르면 누구나 나이 들기 때문이다. 그러나 나이답게 처신하기란 나이 들기처럼 쉽지 않다. 혹자는 나이 든 것에 대하여 벼슬 한 것처럼 행동한다. 나이를 빙자하여 행세까지 하려 든다. 빨리 거두어야 된다. 누워서 침 뱉기다.
　나이답게 처신하는 비결, 말하자면 나이 들어서도 대접 받을 수 있는 7가지 비결이 있다. 2006년 2월 23일자 동아일보 '오늘과내일' (오명철 편집부국장) 란에 게재된 글이다. 누구나 공감할 수 있는 내용이어서 그대로 옮긴다.

나이 들어 대접받는 7가지 비결

최근 들어 나이 지긋한 분들의 모임에 갈 때마다 듣게 되는 이야기가 있다. '9988234' 즉, 99세까지 팔팔하게 살고 이틀만 앓다가 사흘째 되는 날 죽는(死) 것이 가장 행복한 인생이라는 뜻이다. 지난달 작고한 소강 민관식 전 대한체육회장의 죽음도 화제가 되곤 한다. 99세는 아니지만 정계 관계 체육계 요직을 두루 역임하면서 88세까지 건강하게 살다가 돌아가셨으니 참 복 받은 어른이라는 것이다. 별세 전날에도 지인과 테니스를 잠시 즐겼고 밤사이 깊은 잠에 빠진 듯이 타계하셨다고 하니 천복이라고 해도 좋을 것이다.

대부분의 사람은 유감스럽게도 그처럼 행복한 죽음을 맞지 못한다. 암 치매 당뇨 등으로 재산 다 날리고 자식들 고생 잔뜩 시킨 뒤 세상을 떠나는 수도 있다. 일평생 욕심 한번 부리지 않고 성실하게 지냈으나 질병과 사고로 고통 속에서 생을 마감하는 경우는 더욱 안타깝다. 그래서 고통 없이 세상을 떠나게 해 달라는 기도를 드리는 이들이 늘고 있고, 품위 있는 죽음을 연구하는 학회도 생겼다.

편안하게 잘 죽는 것 못지않게 중요한 것이 있다. 품위 있고 고상하게 늙어 가는 일이다. 직위나 돈이 노년의 품위를 보장해 주는 것은 물론 아니다. 누릴 만큼 누렸으나 노추(老醜)에서 벗어나지 못하는 이가 있는 반면, 과거에 연연하지 않으면서 무욕과 깔끔한 자기관리로 보기만 해도 절로 고개가 숙여지는 이가 있다.

세상 모든 이치가 그렇듯, '존경 받는 노후'를 위해서는 나름대로의 투자와 훈련이 필요하다. 그런 점에서 지난해 말부터 각종 모임을 통해 전파되고 있는 '나이 들어 대접받는 7가지 비결'을 참고할 만하다. 노년의 삶을 업그레이드하는 청량음료 같은 지혜라는 의미에서 '세븐 업(7-UP)'으로 회자 된다.

첫째, Clean Up. 나이 들수록 집과 환경을 모두 깨끗이 해야 한다. 분기별로 주변을 정리정돈하고, 자신에게 필요 없는 물건을 과감히 덜어 내야 한다. 귀중품이나 패물은 유산으로 남기기보다는 살아생전에 선물로 주는 것이 효과적이고 받는 이의 고마움도 배가 된다.

둘째, Dress Up. 항상 용모를 단정히 해 구질구질하다는 소리를 듣지 않도록 해야 한다. 젊은 시절에는 아무 옷이나 입어도 괜찮지만 나이가 들면 비싼 옷을 입어도 좀처럼 태가 나지 않는 법이다.

셋째, Shut Up. 말하기보다는 듣기를 많이 하라는 주문이다. 노인의 장광설과 훈수는 모임의 분위기를 망치고 사람들을 지치게 만든다. 말 대신 박수를 많이 쳐 주는 것이 환영 받는 비결이다.

넷째, Show Up. 회의나 모임에 부지런히 참석하라. 집에만 칩거하며 대외 활동을 기피하면 정신과 육체가 모두 병든다. 동창회나 향우회, 옛 직장 동료 모임 등 익숙한 모임보다는 새로운 사람들과 만나는 이색 모임이 더 좋다.

다섯째, Cheer Up. 언제나 밝고 유쾌한 분위기를 유지하는 것이 좋다. 지혜롭고 활달한 노인은 주변을 활기차게 만든다. 짧으면서도 곰삭은 지혜의 말에다 독창적인 유머 한 가지를 곁들일 수 있으면 더 바랄 것이 없다.

여섯째, Pay Up. 돈이든 일이든 자기 몫을 다해야 한다. 지갑은 열수록, 입은 닫을수록 대접을 받는다. 우선 자신이 즐겁고, 가족과 아랫사람들로부터는 존경과 환영을 받게 될 것이다.

일곱째, Give Up. 포기할 것은 과감하게 포기하라. 가장 중요하다. 이제껏 내 뜻대로 되지 않은 세상만사와 부부 자식 문제가 어느 날 갑자기 기적처럼 변모할 리가 없지 않은가. 되지도 않을 일로 속을 끓이느니 차라리 포기하는 것이 심신과 여생을 편안하게 한다.

여기에 곁들여 하루 한 가지씩 좋은 일을 하고, 하루 10사람 만나고, 하루 100자를 쓰고, 하루 1000자를 읽으며, 하루 1만 보씩 걷는다면 이보다 더 훌륭한 노년은 없다. 이른바 '1, 10, 100, 1000, 10000의 법칙'이다.

47. 모두 다 행복하라

　아쉬운 날들이 속절없이 흐른다. 무심히 흐르는 저 강물 같다. 평생을 함께한 아내, 잘 자라 준 자식 며느리, 애교와 재롱으로 우리 부부의 혼을 쏙 빼는 손자 손녀 얼굴도 많이 보아 두자. 친했던 친구도 싸움만 했던 친구도 자주 만나 보자. 하얀 이를 드러내고 웃던 술집 주인도 언제나 곱빼기로 주던 식당 아주머니도 많이 보아두자. 그들은 내 인생에 많은 부분을 채워준 사람들이다. 어찌 고맙지 않겠는가.

　나라가 망하기 전에는 문 닫을 염려 없다는 은행에서 풍요로운 젊은 날을 보냈다. 은행시험에 합격했다며 시골 집 마당에서 돼지를 잡아 잔치를 열었던 게 엊그제 같다. 면접관에게 잘 보이려고 레슬링 선수 출신의 반코트 같은 친구 옷을 빌려 입고 머리에는 포마드 기름을 자르르 발랐었지. 면접관이 얼마나 재미있어 했을까. 생각만으로도 즐겁다. 승진 시험에 합격했다며 아내에게 전화 걸어 소리쳐 외치던 일도 주마등 같다.

첫째 놈을 낳던 날은 서울에도 눈이 많이 쌓였었지. 화양동에 있는 '최차혜 산부인과' 복도에서 진통시간이 길어 애간장을 태우며 가슴 졸이던 일, 둘째 놈은 너무 쉽게 낳아 오히려 의아해 했었던 일 등등.

이런 소소한 날들이 모여 내 인생을 엮어 왔다.

인생의 전반부에서 나는 안정된 직장에서 일하며 자녀를 키우며 의미 있고 즐거운 나날을 보냈다. 마음 놓고 취미 생활을 할 수 있었던 것도 가족과 잦은 여행을 할 수 있었던 것도 따지고 보면 직장이 준 크나큰 선물이었고 기쁨이었다. 그러나 그때는 어딘가 모르게 마음 한 구석이 무거웠다. 가정을 책임진 가장으로서 자유의 한 부분은 늘 잃어버린 기분이었다. 그리고 무엇엔가에 짓눌려 있었다.

그러나 지금은 어떤가. 한마디로 '이 이상 더 좋을 순 없다'이다. 나의 세상이 펼쳐진 것이다. 내가 하고 싶은 것에 대한 열정과 포부와 계획만으로도 기쁨이 넘친다. 그 어떤 것으로부터도 자유롭다. 구속하는 것이라고는 없다. 구름 위를 둥실둥실 떠다닌다. 손자 손녀의 재롱만으로도 이미 충만한 삶의 기쁨을 소유했다. 그 녀석들을 보고 있노라면 이 세상 어떤 것도 부러울 게 없다. 그 녀석들은 평생 효도를 이미 다 했다. 더 이상 무엇이 필요하랴. 손자 손녀는 우리 부부로부터 '천사'의 칭호를 아낌없이 받는다. 하나님께서 죽기 전에 마지막 주는 선물이라 했던가. 그 '천사'들은 우리부부에겐 삶의 의미며 에너지원이다. 영혼을 빼앗아 가는 유일한 존재이기도 하다. 게다가 좋아하는 글쓰기를 마음 놓고 할 수 있다. 어떤 것과도 바꿀 수 없는 또 다른 즐거움이다. 간간히 짬을 내어 오지 탐험도 즐긴다. 나는 단순한 볼거리를 위한 관광은 하지 않는다. 그러나 이동하는 버스나 기차 속에서의 책 읽기를 즐긴다. 목적지도 없이 무작정 완행열차를 타고 떠나는 이유이기도 하다. 보고 싶은 책 마음 놓고 볼 수 있어 행복하다. 이것은 분명 축복이다. 반드시 노인이 되어야만 얻을 수 있는 축복이며 여유의 시간들이다.

시골엔 부모님이 물려주신 약간의 땅이 있다. 오지인 탓에 개발이 되지 않아 오염의 흔적이라곤 없다. 바로 코앞에 흐르는 냇물은 명경지수다. 물총새의 고기 사냥을 쉽게 만난다. 청설모가 이 나무 저 나무로 날 다람쥐처럼 옮겨 다닌다. 산수유가 진한 향기로 코를 찌른다. 그 곳에 움막집을 지을 계획이다. 여의치 않으면 컨테이너 박스를 갖다 놓으면 된다. 그리고 좋아하는 똥개, 오리, 토끼, 염소 두 마리씩과 닭 30마리 정도 키울 것이다. 송아지도 키우고 싶다. 긴 속 눈썹을 갖고 있는 그 녀석의 눈망울은 너무 예쁘다. 소똥은 냄새가 나지 않는다. 그런데 너무 많이 먹는 게 싫다. 그 녀석의 식사 준비에 많은 시간을 뺏길 것 같아 키우지 않기로 마음먹었다. 돼지 새끼도 한 마리 키우고 싶지만 냄새가 고약하다. 나는 참을 만하지만 손자보다는 손녀가 싫어할 것 같다. 냄새 때문에 할아버지에게 오지 않을 까 염려되는 게 키우고 싶지 않은 이유다. 작은 연못을 만들어 토종 물고기도 몇 마리 넣어둘 것이다. 제멋대로 자라는 야생화도 한 곳에 모아 놓고 이름을 달아 줄 것이다. 손자 손녀가 할아버지를 찾아 왔을 때 그들의 새순 같은 연한 손을 잡고 작은 꽃밭과 동물원(?)을 돌며 신바람 나게 설명해 주고 싶다. 그런 사소한 행복으로 하루하루를 보낼 것이다.

생명이 다하는 날까지 몸과 뇌를 아낌없이 사용하고 부모님 곁으로 갈 것이다. 부모님이 계시는 산소 주변은 금년에 작은 잔디 공원을 만들었다. 매년 꽃과 나무를 조금씩 심어 식재자의 이름을 달아 관심과 사랑으로 키우도록 했다. 내가 죽게 되면 수목장을 하도록 자식들에게 부탁해 놓았다. '존엄한 죽음을 위한 나의 선언문'도 작성해 놓았다. 나는 청청한 구상나무로, 아내는 아름다운 꽃을 백일이나 피워대는 백일홍나무로 정하고 나무 밑에 재를 묻고 이름표를 달아매도록 했다.

죽음도 반갑게 맞을 것이다. 자식들에게 울지 말 것도 얘기했다. 기쁨으로 보낼 것도 부탁했다. 천국으로 향한 길이다. 그 곳에 가면 부모님도 만난다. 멋진 해후가 될 것이다.

이렇게 늙음의 준비를 하면서 살아가노라면 마음이 가볍고 기분이 상큼하다.

내가 이렇게 여유로울 수 있는 것은 결코 돈이 있어서도 아니요 재산이 많아서도 아니다. 내가 가지고 있는 것이라고는 건강한 몸뚱어리와 닭장 같은 작은 아파트 한 채뿐이다. 이 상태에서의 여유란 아무런 욕심이 없기 때문이리라. 단순하고 느림으로 유유자적하고, 맑은 마음을 소유한 것에서 연유하였음이리라. 손자 손녀와의 놀이에서 기쁨에 흠뻑 빠지려면 탐욕스런 마음, 충혈된 눈, 오염된 사고방식으로는 좋은 친구로서의 자격 미달이다. 그 어린 것들의 맑은 눈이 그것을 정확히 꿰뚫어 솎아낸다. 그 녀석들의 훌륭한 친구가 되었다면 그대의 몸과 마음은 맑다. 법정 스님의 표현대로 모든 것을 털고 빈손이 되었을 때에만 더 많은 것을 잡을 수 있다. 욕심의 쇠사슬을 끊어 버리고 훌훌 털어버리면 마음의 풍요와 행복을 움켜 쥘 수 있게 된다. 이제와 무엇을 더 잡겠다는 건가. 지금까지도 잡지 못했는데 그 무엇인가가 잡히겠는가.

수입이라고는 내가 받는 연금 14만 7000원과 2년 후 아내가 받을 28만 원, 합해야 고작 40여 만 원이다. 이 정도 돈도 일정시간이 흐르면 큰돈으로 여길 때가 온다는 믿음이 있다.

먹는 것은 자급자족하면 된다. 지출할 일이 별로 없다. 시간을 많이 빼앗는 골프는 하지 않기로 마음먹었다. 기껏해야 손자 손녀를 위해 쓰는 약간의 돈과 차량유지비 경조사비 정도다. 이런 것들도 일정시간이 흐르면 지출사유가 사라진다. 때문에 얼핏 생각하면 연금수령액이 노루꼬리만큼이라고 생각할지 모르지만 내 생각은 다르다. 지출 사유가 적은 데다가 현찰이 별로 필요 없는 산골 생활이다. 산골에서 만원이면 서울에서의 10만원과 맞먹는다. 그렇다면 우리 부부의 연금 수령액은 400만 원쯤 되는 셈이다. 모든 게 마음먹기에 달렸다. 생활하고 일부는 저축도 가능하리라. 물론 소액이긴 하지만….

게다가 누가 또 아는가. 내가 끊임없이 써대는 졸필 중에 베스트셀러라도 나올지? 사실 어느 구름에서 비가 올지 눈이 올지는 누구도 모른다. 축구장에서도 열심히 뛰어다니는 선수에게 공이 많이 가게 마련이다. 그렇게 된다면 횡재나 다름없다. 이런 졸필로 기대하지도 않지만 희망을 버리지도 않는다. 글 쓰는 즐거움 자체로도 이미 내겐 풍성한 부가 안겨 있다. 여유로움은 욕심을 버린 것 외에 이것으로부터도 왔다. 그냥 신나고 즐거울 뿐이다. 무엇보다 큰 기쁨은 30, 40대의 몸매와 체력을 고스란히 유지하고 있다는 점이다.

'지금 아는 것을 그때도 알았더라면'의 전시회 때 엄청난 인파가 몰렸던 기억이 새롭다. 역사의 회귀는 불가능하지만 젊은 시절의 체력회귀는 분명 가능하다. 상황에 따라 그때 그 시절의 사실들을 적절히 접목 시켜나가면 두 배, 세 배의 즐거운 삶을 영위할 수 있는 것이다.

분명한 것은 행복은 자기 마음속에 있다는 점이다. 밖에서 찾는 것이 아니라 안에서 찾는다. 큰 것에서 찾는 게 아니라 작은 것에서 찾는다. 이 세상 살아 숨 쉬는 모든 것을 사랑하라. 아니 생명이 없는 것조차 사랑하라. 사랑하면 행복하다. 모두 다 행복하라. 모두.

제2장
나이 들어가면서 해서는 안 될 일(20 마라)

제 2장에 실린 '20 마라'는 품위 있게 늙기 위하여 최소한 삼가야 할 것들이다. 무위도식하며 허송세월로 시간을 보내기엔 인생이 너무 아깝다. 다소의 어려움이 따르더라도 노력으로 뛰어 넘어야 한다. 쉬운 것은 길도 넓고 도달하기에도 쉬울 뿐 아니라 별도의 노력이나 계획이 필요 없다. 그러나 의에 이르는 길은 언제나 좁고 험하다. 그러나 그 길을 통과해야만 뿌듯한 성취감과 희망을 만난다.

1. 잠을 많이 자지 마라

'장수하려거든 잠을 많이 자지 마라.' 미 포브스지가 장수 10계명을 발표하면서 제일 앞에 둔 내용이다.

평균 수명이 80세 가까운 시대다. 하루 여덟 시간을 수면 시간이라고 하면 삶의 삼분의 일인 27년을 잠자는 데 보내는 셈이다. 잠은 가사 상태에 있다. 그러나 잠이야말로 휴식의 중요한 한 부분이다. 잠은 단잠 꿀잠 쪽잠 토막잠 등 그 내용에 따라 다양하게 불린다. 뭐니 뭐니 해도 꿀잠인 숙면이 최고다. 악몽에 시달리거나 줄거리도 생각나지 않는 꿈속을 헤매다 보면 머리가 띵하고 다음 날 컨디션은 엉망이게 마련이다. 따라서 잠은 양보다 질이 매우 중요하다. 다섯 시간만 자고도 머리가 맑고 몸이 가벼운 것은 숙면을 취하기 때문이다. 눈코 뜰 새 없이 바쁜 대기업 총수들의 수면 시간은 다섯 시간을 넘지 않는다. 부족한 수면 시간을 차 속이나 사무실에서 토막잠으로 때우기도 한다. 대표적인 예가 정주영 씨다. 그는 평생 4시간 이상 잠을 잔 적이 없다고 자서전에서 밝혔다. '걷지 말고 뛰어라' 의 저자이기도 한 전 부총리 장기영 씨도 그 대열에서 빠지지 않는다. 할 것도 많고 볼 것도 많은 세상이다. 시간을 아끼고 쪼개라. 먹고 자는 돼지의 삶에서 벗어나라. 반죽음의 상태인 잠을 너무 사랑하지 마라. 몸이 편하면 숙면도 취하기 어렵다. 몸이 편하면 병원과 친해진다. 수면 시간을 줄여야 얻는 것이 많다.

필자는 밤 10시에 잠자리에 들어 새벽 4시에 일어난다. 수면시간은 평균 6시간이다. 과음한 날을 빼고는 언제나 머리가 맑다. 낮잠 자지 않고 활동량이 많은 덕분에 언제나 숙면을 취한다. 이 글을 쓰고 있는 동안에는 낮 시간은 회사 일을 하고 주로 새벽에 짬을 낸다. 주경야경 하는 셈이다. 시간 만들기가 여간 어렵지 않다.

새벽 2시에 일어나 글을 쓰고 어김없이 6시엔 조깅을 나간다. 4월 22일 함기용 세계제패 기념 마라톤 대회에도 참가했다.

졸필이어서 힘은 몇 배로 든다. 그러나 글 쓰는 게 재미있어 힘든 것은 전혀 느끼지 않는다. 새벽 토막시간을 쪼갤 수 있어 너무 행복하다. 그렇다고 낮에 졸거나 하품도 하지 않는다. 피로도 전혀 느끼지 않으니 이런 복이 또 어디 있을까 싶다.

이것은 30년이 넘도록 꾸준히 해온 운동 덕분이리라. 타고난 체력운운 하는 사람도 있지만 그렇지 않은 것 같다. 왜냐하면 유전적 요인은 15% 밖에 되지 않기 때문이다.

지난 해 우주인 신청을 할 때 나이가 걸림돌이 되어 불합격하지 않을 까 염려되어(결과는 기우였지만) 아산서울병원에서 신체나이를 측정했다. 심전도를 비롯한 근육량, 지방량, 순발력, 근력, 평형감각 등 18가지를 했다. 40대 초로 판정되었을 땐 나도 의사도 놀랐다. 호적나이와 무려 20년이나 차가 난다. 나이는 숫자에 불과 하다는 말은 괜한 얘기가 아님이 맞다. 실제로 시력도 1.2(좌), 1.5(우)다. 안경 따위는 아직 신세지지 않는다. 전립선 비대로 빈뇨증상만 나타날 뿐 아직까지는 늙음의 증표들이 두렷하지 않다. 풀코스 마라톤 기록을 보면 15년 전 3시간 32분이 최고 기록이고 요즘은 4시간 50분 정도다. 기록에 별 의미를 두지 않고 즐기기만 한다. 하프 코스는 2시간 10분, 10km는 51분대다. 이 속도면 숨도 차지 않고 대화도 가능하다. 주변에 꽃과 나무와 사람도 눈에 들어온다. 뛰는 순간에도 내 몸에 대해 감사한다. 튼튼한 다리와 심장에 대한 감사다.

분명히 말하고 싶다. 하루에 1시간만 잠을 줄여라. 그리고 얻어진 1시간은 그대 몸을 갈고 닦는데 투자하라. 그리하면 나머지 23시간이 행복하다. 이것은 분명하다. 확신을 가져도 좋다. 1시간 투자하여 23시간 행복하다는 데 이런 알찬 장사가 또 어디 있는가. 23개를 투입하여 하나도 건지지 못하는 사업엔 잘도 투자하면서 한 개를 투자하여 23개를 얻는 장사엔 왜 인색하고 망설이는가. 셈법에 둔한 건지 게으른 건지 자신을 냉정하게 평가해 보라. 하루 스물세 시간은 1년이면 도대체 얼마인가, 아니 평생은….

2. 공원에 가지 마라

 지팡이를 든 등 굽은 노인, 허름한 옷과 모자, 절름거리는 불편한 보행, 공원 벤치에 앉아 있는 노인의 모습은 고독과 외로움의 상징이다. 소설이나 영화 속에서 한결같이 다루는 모습 들이다. 그 상징 속으로 들어가지 마라. 어쩌다 멋과 낭만을 위한 산책이 아니라면 말이다. 가능한 소모적 일상 보다는 생산적이고 보람 있는 일상을 선택하라. 노인대학이나 지자체에서 운영하는 다양한 프로그램에 참여하라. 중요한 것은 스스로를 노인이라는 울타리 속에 가두려는 그 마음가짐이다. 아무 것도 할 수 없다는 무기력증에서 벗어나도록 하라. 죽음 직전까지 자기 본연의 꼿꼿한 기개를 잃어서는 안 된다. 내 육신이 정녕 아무 것도 할 수 없는 지경이 되기 전까지는 봉사단체에서 나누어 주는 점심 한 끼를 위하여 길게 늘어선 줄에 서 있지 마라.

3. 술 마시지 마라

　모든 문제는 술에서 발생한다. 어떤 형태의 사고나 사건도 술과 무관한 것을 찾기 어렵다. 살인 방화 치정 교통사고 등의 생명을 빼앗는 엄청난 범죄에서부터 말다툼 방뇨 구토 고성방가 등 남의 눈살을 찌푸리게 하는 무례한 행동에 이르기까지 모두가 음주 중에 일어난다.

　술은 육체와 정신을 모두 갉아 먹는다. 그리고 황폐화시킨다. 재선충이 소나무 에이즈를 일으켜 빨갛게 고사시키듯 우리 몸과 마음을 고사 시킨다. 과음 1회에 10만 개의 뇌세포가 사라진다. 세월이 흘러 비 음주 자에 비해 기억력이 떨어짐은 물론 술로 인한 각종 질병에 시달린다. 신체 각 장기에 미치는 악영향도 지대하다. 아름다운 젊음은 우연한 자연의 현상이지만 아름다운 노년은 예술 작품이라 했다. 예술 작품은 그냥 탄생하지 않는다. 노력과 절제의 산물이다. 당장 술부터 끊어라. 벌게진 눈과 술 냄새 풍기는 당신의 추한 모습을 술이 깨어있을 때 한번만 떠올리면 해답은 나온다.

4. 담배 피우지 마라

　금연학교, 금연 초, 금연 스패치 등 금연을 돕기 위한 아이디어 상품이 봇물을 이룬다. 그러나 어떤 방법도 어떤 금연 보조제도 무용지물이다. 아무 쓸데없는 짓이다.

　그렇다고 금연의 효과를 즉각 볼 수 있는 약이 없는 것은 아니다. 여기서 그 특효약을 소개한다. 그 약의 이름은 '의지' 라는 약이다. 시중 약국에서 판매하지는 않지만 자기 마음속에 서는 얼마든지 구할 수 있다. 사용자에 따라 약효는 천차만별이다. 복용을 잘 못한 사람이라면 맹물과도 같지만 잘 사용한 자에게는 기막힌 금연 처방전이 된다.

　하루 두 세 갑을 피우던 골초가 어느 날 갑자기 뚝 끊었던 나의 '금연 이야기를 소개한다.

1995년 9월 21일 23시 10분, 장소는 역삼역 부근에 있는 노래방이다. 당시 작은 프로덕션을 운영하고 있었는데 고객으로 A방송사 아나운서 실장으로 계시던 J씨가 방문하였다. 저녁식사를 함께하고 반주도 한잔씩 곁들였다. 즐거운 대화가 오간 후 발길은 자연스럽게 노래방으로 이어졌다. J씨를 포함 모두 8명이다. 노래방은 이내 노래 실력을 뽐내는 경연장으로 바뀌었다. 노래방으로 자리를 옮기자고 제의가 들어 왔을 때 나는 속으로 쾌재를 불렀다. 찬스가 왔다며 기고만장했다. 그러나 그것도 잠시, 그 기고만장은 J씨의 '마이 웨이'를 듣는 순간 무참히 꺾이고 말았다. 더욱 나를 분노케 한 것은 직원들의 함성과 박수소리였다. 빈 바가지에 쏟아지는 우박소리 같았다. 분위기에 압도당했고 기는 꺾여 산산 조각났다. 돼지 목 따는 소리로 질러대는 나의 유행가는 거의 소음 수준으로 평가 받았다. 잘 생긴 얼굴에 윤기 나는 J씨의 노래 소리는 프랭크 시나트라를 보고 있는 듯하였다.

　곰곰이 생각해 보았으나 다른 특별한 이유는 없었다. '원죄는 담배다' 이렇게 결론을 내리고 타고난 목소리 찾기에 나섰다. 제일 먼저 한 것은 주머니 속에 있는 담배를 꺼내 발로 짓뭉개어 쓰레기통에 버리는 일이었다. 충격이 컸던

만큼 의지는 불탔다. 돌이켜 보면 평생을 살아오면서 가장 훌륭한 결단이었음을 자랑스럽게 얘기할 수 있다. 천해무익의 담배와의 절연은 이렇게 이루어졌다. 금연초기 흡연욕구가 절실할 땐 그때 그 곳에서 있었던 일들을 떠 올리며 결심을 다시 한 번 굳혔다. 모든 암의 주범이라는 사실도 떠올렸다. 늙은 대추처럼 오글쪼글한 얼굴도 떠올렸다. 재떨이에서 나는 역겨운 냄새도 떠올렸다. 간접흡연의 폐해를 받는 가족 얼굴도 떠 올렸다. 그 이후 어떤 유혹에도 흔들림 없이 금연에 성공한 것이다. 목소리에 윤기가 흐르는 것은 물론 원래 나이보다 10여 년 젊게 보이는 것도 금연이 안겨준 큰 선물이다. '의지'라는 약은 참으로 신통방통하다. 단 하나, 유의해야 할 것은 '갈등'이라는 훼방꾼의 도전을 철저하게 이겨내야 한다.

5. 집에 있지 마라

몸을 움직여라. 움직이면 살고 정지하면 죽는다. 노인은 애보기도, 집 지킴이도 아니다. 대 가족이었던 옛날엔 가족 구성의 특성상 그런 임무가 자연스럽게 주어지고 일의 한 몫이 기도 하였다. 세월이 흘러 핵가족화 되면서 사그라지는 듯 했으나 IMF 이후 맞벌이 부부의 양산은 또 다른 애보기와 집 보기를 강요케 된 것이다. 바람직한 베이비시터 제도가 자리도 잡기 전 이 같은 현상들은 많은 부작용을 낳고 있다.

노인들의 건강 챙기기, 자기 몸에 투자하기와 같은 의식은 날로 강해져 가고 있지만 이것도 경제적으로 여유가 있고 의식 수준이 깨인 노인에게 국한된다. 갑작스런 명퇴와 노인인구의 급격한 증가는 수용을 하지 못하는 사회적 시스템과 맞물려 갖가지 문제와 부딪히고 있는 게 현실이다. 이유야 어찌 됐건 집에 머물러서는 안 된다. '방콕' 하여 면벽 수양하는 입장이 되면 처량하다. 아니 비참하다.

지금껏 살아오면서 내가 가장 하고 싶었던 일이 무엇이며 내가 가장 잘 할 수 있는 일이 무엇인지 생각해 보라. 분명한 것은 반드시 찾아질 것이라는 점이다. 찾은 후엔 주저하지 말고 실행하라. 소득이 있으면 더욱 좋고 없어도 그만이다. 행복은 거기에 있다.

6. TV 보지 마라

"인생은 80부터… 노인들 TV끄고 밖으로 나가라."

재작년 한 신문의 기사제목이다. 조지 W 부시 미국 대통령의 아버지 조지 부시 전 대통령이 자신의 80회 생일을 두 번의 낙하산 점프로 자축했다. 부시 전 대통령은 오전 연습 점프에 이어 오후에는 자신의 기념 도서관 상공 3900m에서 낙하산 점프를 했다.

목표지점에 사뿐히 내린 그는 흰 머리를 날리며 "노인들도 TV만 보지 말고 밖으로 나가라. 인생은 80부터다"라고 말했다. TV의 역 기능은 이곳저곳에서 나타난다.

제목만 보면 방송국 종사자는 도끼눈을 뜰 법하겠지만 따지고 보면 순 기능보다 역 기능이 크다는데 문제의 심각성이 있기 때문이다. 생생한 스포츠 중계나 자연 다큐멘터리, 감동적인 명화나 심금을 울리는 드라마는 바보상자라는 비하된 이름에 강력히 항변하고 싶을 정도로 고마울 때도 있다. 시간과 돈을 들이지 않고는 도저히 만날 수 없는 그림들을 편안하게 안방에서 접할 수 있다는 사실 하나 만으로도 쌍수를 들어 박수를 보낸다. 문제는 거의 대부분을 차지하는 역 기능이다. '뉴스만은 좀 봐야지' 하다가도 사건 사고 소식 아니면 신물 나는 정치 이야기뿐이다. 보기 싫은 사람 얼굴자주 보는 것도 고역이다. 방송국에 따라선 균형 잃은 편파 보도가 비일비재하다. 그러니 뉴스도 자연히 멀어지게 된다. 드라마 오락프로는 더욱 가관이다. 휴일, 어쩌다 집에 있을 경우 TV를 켜면 각 방송사가 공동으로 합의한 것처럼 똑 같다. 소위 그 밥에 그 나물이다. 차마 눈 뜨고 볼 수 없다. 아무것도 분별하지 못하는 10대 청소년들의 눈과 귀를 홀리는 얄팍한 상혼만 판친다. 자극의 한계는 어디며 절제의 한계는 어딘지 시험하는 무대. 피차 점점 더 고 단위 처방을 받아야만 하는 환자가 되어 간다.

 순 기능 프로그램만으로는 경영의 어려움을 토로하지만 한 번쯤 심도 있게 고민해 보아야 한다. 자라나는 청소년과

순진한 전업주부들이 망가진 드라마나 유해프로에 오염 되지 않게 되기를 간절히 희망한다. 돈을 벌 때도 쓸 때도 못된 것들을 내용으로 해서는 안 된다. 돈 벌이에 만 눈이 시뻘겋게 충혈 되지 않기를 바란다. 이런 통계도 있다. 뇌에서 발생하는 베타파는 집중, 독서, 적극적 활동 시 주로 나타나고 알파파는 멍청한 상태를 말하며 TV 시청 20분 후면 나타난다고 한다. 통계자료에 의하면 우리나라 성인 남녀의 하루 평균 TV 시청시간은 3시간 6분이다. 실로 엄청난 시간이다. 그 많은 시간을 어떻게 활용할까는 전적으로 그대 자신이 판단해야 한다.

  하루는 누구에게나 24시간이다. 값진 시간에 투자하려면 알파파를 양산하는 TV 시청시간을 과감하게 줄여야 한다. 아니 TV를 아예 없애야 한다고 고민 할 수도 있겠다.

7. 공공장소에서 큰 소리 치지 마라

　큰 소리 치고 싶으면 폭포 밑으로 가라. 요즘은 산 속에서도 고함을 함부로 지르면 안 된다. 동물들이 놀라기 때문이다. 특히 3, 4월엔 조심해야 한다. 생명을 가진 모든 것들은 이 시기에 짝 짓기를 한다. 짐승보다 못한 인간이 돼서는 안 된다. 자연 보호가 몸에 밴 선진국들은 생활의 일부분이다. 더욱 큰 문제는 공공장소에서의 에티켓이다. 전철 속에서 술 마시고 질러대는 고함은 꼴불견 첫 번째다. 그 고함 속에는 '늙은이라고 우습게보지 말란 말이야'가 들어 있다. 고함 속에 애처로움이 섞여 있다. '자신의 복잡한 심경을 나타내는 방법이 고작 저 정도라니' 연민의 정을 금치 못한다. 경로석은 무슨 예약석이라도 되는 듯 언행이 거칠다. 자리가 비어 있어 잠깐 엉덩이를 내렸던 젊은이가 혼비백산하여 저 만큼 사라진다. 노인 인구의 급격한 증가로 전철 1량의 경로석 열 두 자리는 형편없이 모자라는 상황이 되었다. 선뜻 자리를 양보하는 젊은이도 있다. 고맙다는 말 한 마디 없이 넙죽 앉는 노인도 있다. 어찌 저리도 마음이 각박할까. 가슴이 답답할 할 때가 많다.

　구립 도서관에 갔을 때 일이다. 책상 위에 놓인 책들로 보아서 공인중개사 시험에 도전하는 사람임이 틀림없다. 이마에 주름과 몇 올 남지 않은 하얀색 머리카락으로 보아 60대 중반은 넘어 선 듯하다. 용기와 투지가 가상하다. 아름다운 노년을 위해서 매우 칭찬 받을 만하다. 그러나 그런 이미지와는 달리 눈 내리는 소리까지 들릴 만큼 조용한 도서관 안이다. 그이의 책장 넘기는 소리가 일정한 간격으로 정적을 깬다. 책장 넘기는 소리가 기차 지나가는 소리만큼 크다. 온 신경이 그리 쏠린다. 전공과목이 무엇이건 폭 넓은 교양과목의 이수와 깊이 있는 독서가 전제 되는 것은 내면의 깊이와 성찰을 이루려 함이다. 공인 중개사 시험에 합격 불합격을 떠나 작은 에티켓 하나도 지키지 못한다면 그 의미는 매우 퇴색하리라.

8. 늙은 체하지 마라

불과 반세기 전만 하더라도 평균수명이 60세가 되지 않았다. 환갑잔치의 의미도 상당했다. 수염 기르고 뒷짐 지고 헛기침하는 노인을 쉽게 상상 할 수 있었다. 그러나 지금은 평균수명이 80세를 넘는다. 60세 정도는 애송이다. 그런데 정신적인 조로현상이 왔음인지 어울리지 않게 노인 흉내 내려는 사람이 의외로 많다. 바라건대 노인 인척 하지 마라. 노인인 척하는 그대는 바보다. 나이 핑계도 대지 마라. 노후 자금의 부담을 줄이려면 오래도록 일할 수 있는 자기 관리가 필요하다. 나이를 이유로 쉽게 포기 하지 말라는 얘기다. 증기기관을 발명한 제임스 와트는 64세 때 수도 회사에 취직해 여러 기계를 설계하면서 비로소 참된 여생을 즐길 수 있었다고 한다. 증기기관을 발명한 것은 그곳에서의 결정체일 따름이다. 무엇보다 중요한 것은 자신의 의지다. 간과 하지 말아야 할 게 있다. 지적 활동도 병행해야 한다. 그래야 그대의 영혼이 마르지 않는다. 영혼이 마르면 가뭄 든 논과 같다. 그대의 영혼은 거북 등처럼 갈라지고 틈이 생긴다. 세포와 장기는 말라 죽는다. 음식의 섭취 못지않게 영혼의 양식은 매우 중요하다.

노인의 우리에서 과감히 탈출하라. 노인의 족쇄를 풀어 버려라. 꽉 조인 그대 몸속에 나사를 느슨하게 하라. 그리고 노인의 자유를 만끽하라. 나이 듦에 대한 즐거움을 누려라. 참으로 신기한 일 아닌가. 나이를 먹는 다는 것이. 나이가 들어가면서 신체 각 부위의 변화도 호기심의 대상이다. 신비롭고 흥미진진하다. 하나에서 열까지.

무슨 이유로 노인 흉내를 내려 하는가. 당장 뛰쳐나와 나만의 세계를 향해 훨훨 날개 짓 하길 바란다.

대나무가 속이 비어도 강한 것은 매듭 때문이다. 몸담았던 직장을 떠남은 또 다른 큰 변화의 매듭이다. 나를 향해 또 한 번의 변신을 시도 할 수 있는 찬스다. 실의와 낙망에 빠질 때가 아니다. 재도약을 향한 중요한 시점이다. 여기에서의 재도약은 물질적 정신적 양면 모두다. 독수리는 보통 70년을 산다. 그러나 40년쯤 되면 부리와 발톱은 모두 닳아 쓸모없게 된다. 여기서 변신을 추구하지 않으면 그냥 죽는다. 그러나 그들은 고통을 감내하며 바위에 부리를 쪼아 헌 것은 버리고 새것으로 탈바꿈한다. 새 부리로 새 발톱을 가다듬는다. 그리고 창공을 날아올라 30년을 더 산다. 독수리는 동물이고 우리는 인간이다.

9. 돈 자랑하지 마라

돈이 있으려면 마이크로소프트사의 빌게이츠나 삼성의 이건희 회장처럼 많이 있어라. 그렇지 않을 바엔 돈 자랑하지 마라. 빌게이츠나 이건희가 돈이 많다며 자랑하거나 거들먹거리는 것을 본적이 없다. 어설픈 태권도 실력일 때 사람 때리고 싶은 충동을 가장 많이 느낀다. 유단자는 주먹을 쓰지 않는다. 그대가 가지고 있는 돈, 다소 큰 액수라 하더라도 가진 자의 오만으로 비치지 않도록 조심하라. 그대가 가지고 있는 사상이나 의식수준에 따라 지붕 위에 풀처럼도 바람에 나는 겨자처럼도 될 수 있다. 그대가 가진 돈이 노력으로 이룩한 것이 아니고 소유하고 있던 부동산이 개발의 혜택으로 졸부가 된 경우이거나 부모님으로부터 물려받은 것이라면 더욱 몸가짐을 조신하게 해야 한다. 강남에 아파트도 있고 꽤 살만한 친구 녀석의 어머니가 지난해 가을 돌아가셨다. 돌아가신 후 유품을 정리하던 중 만 원짜리 새 돈이 장롱 서랍과 베갯잇 속에서 160만원이 발견됐단다.

본인은 갑작스런 상황에 대비해 비상금으로 모아 두었을 테지만 자식들 생각은 그게 아니다. 맛있는 것 사 드시라고 드린 돈이다. 구경도 다니시라며 드린 돈이다. 꼬깃꼬깃 모아 노자 돈이라도 할 셈이었던가. 그러나 노자 돈 받는 저승행 열차는 없다. 골골하면서 죽도록 움켜쥐어 봐야 가져 갈 곳이 없다. 그 돈을 받아 줄 곳간 도 금고도 존재하지 않는다. 움켜쥐고 발발 떨다 병원비 약값으로 지불한다면 안타깝기 짝이 없는 지출이 된다.

정말 수발이 필요한 상황이 된 후 정성 들여 봉양하는 자식이 있다면 쓰고 남은 재산은 그 자식에겐 물려 줘도 된다. 그렇지 않다면 물려줘서는 안 된다. 독약이 되기 때문이다. 자식에게 독약 내리는 부모가 부모인가.

돈 없는 친구의 기를 죽여서도 안 된다. 친구와 함께 식사하며 담소하고 즐겨라. 예민한 화제는 피하라. 상대 기 꺾는 얘기도 피하고 친구 흉도 보지 마라. 다른 사람의 좋지 않은 소식을 침소봉대하지 말고 통쾌해 하지 마라. 첨예한 논쟁도 피하라. 죽을 때까지 적당히 쓰고 남을 만 한 돈이 있다면 불우 이웃을 위해 희사하라. 좋은 목적의 재단에 기부하라. 참 용기는 이럴 때 빛을 발한다. 이런 용기 갖기가 매우 어렵긴 하지만….

10. 도박하지 마라

도박 중독자, 알코올 중독자, 마약 중독자는 패가망신의 지름길이자 삼대 사회악이다. 도박하는 사람들의 공통된 심리의 뿌리는 노력은 하지 않고 쉽게 돈을 벌려고 하는 데 있다. 바늘 도둑이 소 도둑 된다는 속담은 도박에도 딱 맞는다. 만지면 커지는 게 둘이 있는데 그 중 하나가 도박이다.

요행을 바라고 사행심을 부추기는 데는 국가도 한 몫 한다. 내국인 출입금지를 조건으로 허가 해준 호텔의 파친코, 폐광지역의 죽은 경기를 살리겠다며 허가해준 고한 백운산 기슭의 카지노 장, 외국인은 눈에 띄지 않고 모두 내국인이다. 주말이면 온 나라를 도박 광풍의 도가니로 몰아넣는 경마, 경륜, 경정 등 사행과 요행을 좇아 눈에 쌍심지를 켜고

덤벼드는 군중은 남녀노소가 따로 없다. 그냥 집에서 쉬고 있는 남성이 100만 명이라는 통계가 나왔다. 불경기가 장기화 되면서 실업자 수는 늘어만 간다. 한탕을 노리는 사건 사고도 끊이질 않는다. 얼마 전엔 '바다이야기'가 온 나라에 충격을 안겨주었다. 사행성 게임의 후유증은 또 다른 사고로 이어지고 자살자가 속출하는 빌미가 되기도 한다. 조금만 들여다보면 인허가 과정에 정부가 개입 되어 있고 땅 짚고 헤엄치기 식 사업권 획득을 위한 검은 돈 거래가 암처럼 번지고 있다. 최근엔 '카지노 노숙자'란 신조어가 출현했다. 돈 푼깨나 있던 때는 호텔이나 모텔에서 폼 나게 생활했는데 고급 승용차는 물론 몸에 지녔던 패물마저도 헐값에 전당포에 맡겨 버리고 수중에는 돈 한 푼 없는 알거지가 되어 귀향할 엄두조차 내지 못함은 물론 끼니를 빌어먹어야 하는 하류인생으로 전락한 군상들을 일컬음이다. 이들의 종착역은 불 보듯 뻔하다. 사고를 저지르지 않으면 죽음만이 기다린다. 이들을 그대로 방치해서는 안 된다. 가난 구제는 나라도 할 수 없다지만 그래도 국가에서 방책을 세워야 한다. 그나마 그들에게 갱생의 길을 열어 주는 유일한 대안이라고 할 수 있는 것은 '믿음'으로 인도하는 길이다. 이 길만이 모든 악의 유혹으로부터 벗어날 수 있다. 주위에 따뜻한 손길도 필요하다. 그래야 빛이 보인다.

11. 참견하지 마라

몸이 늙으면 모든 기능이 떨어진다. 젊을 때와 달리 몸이 말을 잘 듣지 않는다. 당연히 옛날이야기가 많아진다. 살아온 세월이 짧지 않기 때문에 나름대로의 많은 경험과 정보를 갖고 있다. 반면에 몸은 예전처럼 움직여 주지 않으니 자연 양기는 입으로만 쏠려 말이 많아진다. 모든 부분에 약간의 정보는 갖고 있는 터라 여기저기에 얼굴을 내밀고 참견하기 일쑤다. 중요한 것은, 여기서 신중해야 하고 참는 습관을 길러야 한다는 점이다. 좌충우돌 식 참견을 하게 되면 잔소리꾼으로 비치기 십상이다. 더 나아가 주책바가지 소리 듣는다. 참견하여 얄팍한 정보를 뱉는 것 보다 침묵이 백배 낫다.

은행 지점장 출신의 한 친구 녀석은 내성적인 성격 탓에 좀처럼 입을 열지 않고 과묵한 편이었다. 얼마 전, 그를 오랜만에 만났을 땐 놀랍게도 말이 많은 사람으로 바뀌어 있었다. 젊은 시절 하지 못했던 이야기를 무슨 한 풀이라도 하듯 늘어놓는 장광설은 지리멸렬하였다. 어찌 저리 변했을까 궁금하였다. 그 심리의 저변엔 '보상'이 자리 잡고 있음직하다. 왜냐하면 그의 얼굴에 그렇게 쓰여 있기 때문이다. 성격상 얘기를 못했을 뿐 당시의 침묵은 그를 많이 괴롭히고 있었다는 것을 느낄 수 있다. 입을 열고 있어야만 바보처럼 취급당했던 그 침묵의 기간을 보상 받고 만회 할 수 있다는 생각으로 똘똘 뭉쳐있는 것처럼 보였다. 그러나 그 녀석은 큰 착각을 하고 있다. 입을 열어야 할 사람, 닫아야 할 사람이 분명 구분된다. 그 녀석은 닫고 있을 때가 훨씬 좋다. 멋진 대화의 주인공이 되기란 쉽지 않다. 모든 사람이 꿈은 꾸고 있지만….

그 녀석이 다시 옛날로 돌아갔으면 하는 바람을 가져 보지만 이미 돌이 킬 수 없을 만큼 중병에 걸려있다. 돌아오는 발걸음이 어찌나 무거운지, 그 안쓰러움에.

12. 매사에 비판적이지 마라

　청주에 있는 C 대학 교수로 있는 친구와 어느 날 술자리를 갖게 되었다. 평소와는 달리 술 맛이 좋다며 거푸 서너 잔을 들이 켠다. 얼굴이 평온해 보여 별 이상 징후는 느낄 수 없었다. 그래도 궁금증은 자꾸 고개를 든다. '무슨 일이 있느냐?' 고 했더니 남의 얘기 하듯 '이혼 했어' 한다. 오히려 내가 더 놀랐다. 황혼 이혼이 늘어나는 추세라고는 하지만 가까운 친구의 이혼 소식은 매우 당혹스러움으로 내게 다가온다. 갑작스런 부모형제의 죽음은 큰 슬픔으로 다가오지만 십 수 년 병치레하다 돌아가신 경우는 무덤덤한 게 우리 인간이다. 오랜 기간 동안 이혼이 마음속 깊이 똬리 틀고 있었음이 분명하다. 그의 얼굴에 서운함, 애틋함 같은 것은 찾기 어렵다.

 이혼 이유는 간단하다. 꼬장꼬장한 성격 때문이란다. 평생을 살아오면서 긍정하는 말 칭찬하는 말은 들어보지를 못했단다. 매사가 부정적이고 비판적이란다. 겉으로는 금슬 좋은 부부, 멀쩡한 부부로 비친단다. 그러나 속을 들여다보면 속 빈 강정, 무늬만 부부란다. 머리에 든 얄팍한 지식으로 남편을 공격하기 일쑤고 기 꺾는 재주만 가지고 태어난 여자란다. 내성적 성격에 완벽주의, 생각만 해도 소름 끼친다며 머리를 절레절레 흔든다. 온몸에 가시철망과 비수를 두르고 나 외엔 어떤 누구의 의견도 받아들이지 않는 독불장군, 올가미와 덫에서 언제쯤이나 자유로울 수 있을 까 늘 기회를 찾고 있었다는 것이다. 자유에 대한 갈망은 가슴 속에 모든 파도를 잠재울 만큼 강했다. 그래서 결행하는 데 별 어려움은 없었다며 지금 너무 좋단다. 그리고 행복하단다. 그러고 보니 얼굴이 좋아 보이는 것은 조명과 술 때문만이 아닌 게 분명하다. '부럽다고 생각하는 사람이 많으면 안 되는데' 하면서도 세상 많이 변했다는 생각만 머릿속을 꽉 채운다. 우리는 그날 소리 높여 '건배'를 외치며 축배의 잔에 절었다.

13. 남을 흉보지 마라

 '똥 묻은 개가 겨 묻은 개 나무란다' '제 눈에 들보는 보지 못하고 남의 눈에 티만 본다'
 고금을 막론하고 남의 흉보지 말라는 금언이요 경구다. 성경에 이런 이야기가 있다. 간음한 사마리아 여인을 단죄하기 위하여 그녀를 중심으로 군중이 겹겹이 모였다. 이때 예수께서 나타나 이야기 한다. '죄가 없는 사람만이 저 여인을 향해 돌을 던져라'고. 그 이야기를 듣고 모였던 군중들은 하나 둘씩 뿔뿔이 흩어졌다. 누가 누구에게 돌을 던지며 누가 누구의 흉을 보는가.
 흉을 보는 사람들은 공통점이 있다. 제 흉은 티끌만큼도 없는 듯 태연하게 흉을 본다는 점이며 또 그것을 즐기고 있다는 것이다. 남의 허물을 들춰내고 신바람 나게 흉보면서 묘한 카타르시스를 느끼고 있다. 다른 하나는 악취 나는 제 똥을 덮어 버리기 위한 일종의 마타도어 작전이다. 제 흉을 숨기기 위한 전술, 허물이 없기 때문에 타인의 흉을 볼 수 있다는 소위 자신에 대한 판단을 흐리게 하기 위한 고도의 전술을 구사하고 있다는 것이다.

비열하고 비겁하다. 깨우쳐라. 개과천선하라. 이승을 떠나기 전에….

14. 변화를 두려워 마라

1976년 개인용 컴퓨터를 최초로 만들어 낸 애플의 최고경영자 스티브 잡스, 그는 드라마틱한 인생을 살았다. 미혼모의 아들로서 출생 직후 입양아가 됐다. 젊은 시절엔 동양철학에 심취했던 히피였다. 대학을 중퇴했으나 놀라운 컴퓨터 재능으로 애플컴퓨터를 창업한 뒤 억만장자가 됐다. 암에 걸렸지만 거뜬히 극복했다. 그 후 그는 자신이 창업한 애플컴퓨터에서 축출 당한다. 애플에서 쫓겨난 이후 그는 보란 듯이 재기 했고 거꾸로 애플은 내리막길을 걸었다. 애플은 그를 다시 영입할 수밖에 없었다. 멋진 복수극이었다. 사람들이 그에게 열광하는 것은 굴곡 심했던 인생 역정보다는 현실에 절대 안주하지 않는 도전정신 때문이다. 남들이 생각하지 못했던 새로운 사업을 끊임없이 만들어내고 새로운 개념을 대중화하는 일에서 탁월한 재능을 발휘하고 있다. 그의 삶은 감동적인 영화를 보는 듯하다. 잡스의 도전은 여전히 진행형이다. 도전하는 자만이 변화의 새 역사를 쓴다. 변화의 씨앗은 도전이 움 틔운다. 우리는 불필요한 두려움을 버리고 행복해지기 위해 스스로 변화의 노력을 시도해야 한다. 새로운 도전을 받아들이기에 너무 늦은 나이란 없다. 자신이 꿈꾸는 의미 있는 삶을 향해 한발자국씩이라도 앞으로 내디딜 수 있는 용기를 가져라.

언제까지나 행복한 일도 언제까지나 불행한 일도 없는 것이 우리 인생이기에 순간순간의 좌절에 굴복하지 말고 자기 마음이 그리는 지도를 따라 한발 한발 나아가노라면 자신이 원하는 삶의 목적에 도달할 수 있다.

삼대로 이어지는 부자도 가난뱅이도 없다고 했다. 변화는 미래의 일이라 두렵고 불안한 것은 사실이다. 그러나 변화의 주역들이 새 역사를 만든다. 안주가 편하지만 망하기 딱 맞다. 변화는 목마른 자가 찾아낸 깊은 산속의 샘물 같은 것이다. 호기심의 대상이요 흥미진진한 처녀지다. 두려움을 떨쳐버리고 변화의 주역이 되라. 아직도 창창하다.

15. 옛날이야기 하지 마라

'지금'이 제일 중요하다. 40세는 청년의 노년기며 50세는 노년의 청춘기라 했다.

늘 그 연령대를 기준으로 삼아야 한다. 지금의 상태를 인정하고 당연하게 받아들여라. 모든 사람의 한결 같은 얘기는 옛날엔 호랑이도 잡았다는 둥, 술은 지고는 못 가도 마시고는 가는 말술이었다는 둥, 건강은 자기 따라 올 사람이 없었다고들 자랑한다. 따지고 보면 젊었던 그 시절 힘깨나 쓰지 않았던 사람이 누가 있었으며 두주불사 아닌 사람이 누가 있고 건강하지 않은 사람이 누가 있겠는가. 그것은 자랑거리가 아니고 웃음거리다. 아니 조롱거리다.

그래서 지금 현재가 중요하다. 현재의 힘이 중요하며 현재의 건강상태가 중요한 것이다. 젊을 땐 누구나 건강하다. 고기반찬도 이삼 일 계속 밥상에 오르면 싫증나게 마련이다. 동년배도 싫어하는 옛날이야기를 젊은이들은 오죽 하겠는가.

20여 년 전일이다. 50대 중반의 L지점장과 함께 근무하였는데 툭하면 6.25때 이야기를 한다. 몇 번씩이나 들은 적이 있어 이야기가 시작되면 짜증부터 난다. 젊은 직원들은 그 자리를 뜨기 위한 방법 찾기에 전전긍긍이다. 동료와 사전에 약속된 사인을 주고받아 그 자리를 피한다. 급한 시외전화가 동료를 구해내는 명분으로 가장 선호 되었던 약속이다.

이쯤 되면 본인이 알아서 처신해야 되는데 도무지 눈치를 채지 못하니 답답해했던 그 시절 추억이 아련하다.

16. 꿈을 잃지 마라

　꿈을 잃어버리면 그 순간부터 죽은 자와 다를 바 없다. 나이 탓으로 돌리는 사람들이 의외로 많음이 나를 놀라게 한다.

　우리의 가슴을 뭉클하게 했던 2002년 서울 월드컵대회, 월드컵 역사상 1승도 챙기지 못했던 우리 대표팀은 16강을 넘어 8강, 4강까지 올랐던 기억이 새롭다. 온 나라는 태극기와 붉은 악마의 물결로 뒤덮였다.

　그때 유독 우리들의 눈을 사로잡은 것은 붉은 악마들이 내건 '꿈은 이루어진다' 라는 플래카드다. 난공불락의 나바론 요새처럼 느껴지던 1승, 그리고 16강이 차례로 함락되고 불가능으로 여겼던 4강의 꿈이 이루어 졌을 땐 자신의 눈을 의심했다. 성공은 꿈꾸는 자만이 가질 수 있는 특권이다. 꿈을 꾸는 자와 그렇지 않은 자와의 차이는 실로 엄청나다. 나이를 핑계 삼아 자신의 삶을 구겨진 휴지처럼 생각하지 않기를 바란다.

  평생 하고 싶었던 일을 찾아 끊임없이 꿈꾸는 자가 되라.

17. 경로우대권 좋아하지 마라

60세 된 친구 녀석이 흰머리와 얼굴 주름 덕분에 신분증 제시 요구도 받지 않고 경로 우대권을 얻었다며 얼굴에 웃음이 가득하다. 본래 낙천적인 성격이긴 하지만 웃을 일은 아닌 것 같다. 오히려 그 반대가 바람직하지 않겠는가. 70세가 된 나이 에도 신분증 제시를 받는 그런 대상이 되어야 하지 않겠나. 우대권을 받아 들고 당당한 모양새도 보기 좋지 않다. 경로석을 찾아 달려가는 모습도 안쓰럽다. 자리를 잡은 후 개선장군 같은 모습도 마찬가지다.

우리가 살고 있는 주변의 모든 활동무대 자체를 헬스클럽의 운동시설이라고 생각해 보라. 마라토너에겐 러너 적 삶이 있고 골퍼들에겐 골퍼 적 삶이 있다. 그래서 모든 시설을

근육을 단련하기 위한 보조 수단으로 활용하는 것이다. 이를테면 계단으로 오르내리면서 계단 난간에 발 앞부분만 걸치고 다닌다든가 자리가 있어도 앉지 않고 까치발을 하고 한발로 서기라든가 빈자리가 있어 앉을 경우엔 항문 조이기, 복식호흡 같은 훈련을 얼마든지 할 수 있다. 한두 개 역쯤 걷는 것을 즐기라. 예전에 몰랐던 전혀 새로운 세계가 당신 앞에 전개 된다. 그 기쁨은 보너스다. 일석이조는 기본이다. 그래도 빈자리를 향해 달려가겠는가. 근육을 끊임없이 움직여라. 당신의 뇌도 함께 춤춘다. 새 다리 같은 하체로는 질 높은 삶을 꿈도 꾸지 마라. 움직여라. 그래야 산다.

18. 늙음에 맞서지 마라

　노(老), 슬퍼 말고 즐겨라. 고령화 사회, 고령 사회로 빠르게 진행되면서 모든 노인이 가슴에 품어야 할 공통의 화두다. 언젠가 뉴욕타임스에 게재된 '우아하게 늙는 방법'을 소개한 신문을 봤다. 첫째는 건강한 생활습관이다(금연을 비롯한 절주와 식이요법을 말함이다). 둘째는 적당한 운동을 꾸준하게 한다(특히 걷기를 강조하고 있다). 셋째는 왕성한 활동이다 (충분한 휴식과 수면을 취해야 한다). 넷째, 잦은 스킨십과 건강한 성생활을 꼽았다(홀로된 사람의 수명이 짧은 것과 무관하지 않다). 다섯째, 스트레스를 줄이고 편안한 마음가짐을 갖는다(낙천적이고 느리고 단순한 삶이 되도록 해야 하며 명상법으로 자기를 다스린다). 여섯째, 노화에 맞서지 말고 자연스럽게 수용하라.

  늙음에 맞서는 자야말로 어리석다. 이미 2천 년 전의 진시왕이 반면교사 역할을 톡톡히 하고 있음에도 늙음에 강하게 반발하고 있는 사람이 늘어나는 데 오늘의 문제가 있다. 한 개의 주름이 만들어지는 데에는 20만 번의 근육수축이 따른다. 오랜 세월의 흔적이다. 살아 있는 모든 것은 늙는다. 그리고 죽음을 맞는다. 늙음의 형태나 죽음이 조금씩 차이를 보이는 것뿐이다. 늙음은 매우 자연스러운 현상이다. 그럼에도 보톡스 주사, 성형수술이 유행 되고 있다. 대통령을 비롯한 영부인 등 청와대까지도 바람이 일고 있다. 그러나 어리석은 짓이다. 당장만 생각하였지 훗날 부작용을 전혀 고려치 않은 안타까운 일이다. 주름을 펴고 쌍꺼풀 수술을 하여 무엇을 어떻게 하겠다는 것인지 측은한 생각이 든다. 살아온 이력이요 훈장이라 생각하고 그냥 자연스럽게 놔두라. 발버둥 치면 칠수록 추하다.

19. 고집 부리지 마라

　옹고집이란 낱말이 암시하듯 나이가 들면 고집이 세진다. 고집 부리는 이유는 간단하다. 새로운 지식을 습득하기에는 어려움이 따른다. 책을 읽어도 예전 같지 않다. 앞 페이지가 문제가 아니라 바로 앞줄 내용도 가물거린다. 이러다 보니 옛날에 습득한 정보들은 헌 책방에 켜켜이 쌓인 먼지처럼 초라하고 볼품없게 되었다. 지금은 초고속의 정보화 시대다. 인터넷으로 얻어지는 정보들은 그야말로 광속이다. 아날로그 시대에 익숙한 노인들은 악착 같이 공부하며 개천에서 용 났다는 소리 듣기 위해 목숨 걸고 공부했다. 그렇게 해서 얻어낸 공직 생활, 자존심은 하늘을 찌를 수밖에 없다. 고집의 뿌리는 그 자존심과 끈이 닿아 있다. 구석에 처박혔던 먼지 쌓인 정보를 꺼내 모처럼 전가의 보도처럼 사용하려는 데 최신예 장비를 장착한 현대 무기와 충돌하였으니 결과와 관계없이 목숨 걸고 일방통행의 길로 나아가는 것이다. 이것이 고집이다.

  이제는 고집을 거두어야 한다. 승패는 명약관화하다. 더 이상 초라해지기 전에 생각을 바꿔야 한다. 옛 것은 골동품으로 진화시키는 것이다. 갖고 있는 것을 닦고 조이고 기름쳐 진품 명품에 출품 시키는 준비를 하는 것이다. 태권도에 체급별 심사가 있듯 노인에 걸맞은 대상을 찾아 그 속에서 신바람을 찾을 것이다. 아주 자연스럽게….

20. 남 탓하지 마라

자기 자신의 잘못을 호도하려는 얄팍한 술책이다. 비겁한 짓이다. 잘 따지고 보면 모두가 자기 탓이다. 몇 년 전 김수환 추기경이 주축이 되어 기독교에서 일어났던 '내 탓이오' 운동이 시선을 끈 적이 있다. 차량 뒤편에 '내 탓이오' 스티커를 부착했던 걸로 기억한다. 안 되는 것은 조상 탓이고 잘 되는 것은 자기 탓이다. 이기적 발상이며 아전인수의 해석이다. 자기의 잘못을 인정하는 것은 대단한 용기를 필요로 한다. 설화에 휘말리는 정치가나 지도자들을 보면 하나 같이 말이 많다. 변명과 자기 합리화를 위해선 궤변도 마다 않는다. 말이 길어질 수밖에 없다. 말이 많으면 실수가 많게 마련이다. 그 실수를 덮으려고 또 말이 많아진다. 우리 노

대통령이 그 전형이다. 지금 당장 처해 있는 문제들을 처리하고 어려운 민생을 돌보고 침체된 경기를 되살리는 일에 총력을 기울여야 함에도 이것은 항상 뒷전으로 밀어 놓고 과거사 캐기에 목숨 건 사람처럼 약점 찾고 허물 들추어내고 책임 전가하는 데만 열중하고 있다.

누구든 장점과 단점이 있으며 아무리 성군이라 하더라도 공과가 있게 마련이다. 큰 한강의 흐름을 빼놓고 오염된 안양천이 어쩌구 저쩌구 하면 지나친 논리의 비약이며 국력 낭비다. 털어 먼지 나지 않는 사람은 없다. 떳떳하고 사람답게 살다 가자.

제3장
젊은이에게 주는 메시지 스물여섯 가지

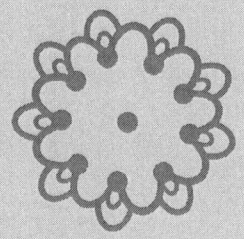

젊은이에게 주는
메시지 스물여섯 가지

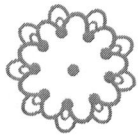

　동시대를 살아가면서 젊은이와의 조화로운 삶은 매우 중요하다. 노인들의 소외감, 외로움은 자살의 급증을 불러 오고 있다.

　젊은이의 63%는 맞벌이 부부다. 이러다 보니 베이비시터가 제대로 자리잡지 못한 상황에서 많은 부작용도 따른다. 패륜범죄가 기승을 부린다. 재산을 둘러싸고 일어나는 경우다. 재산이 없는 노인은 천덕꾸러기가 되고 재산이 있는 경우는 싸움질이다. 사회의 모든 시스템이 아귀가 맞지 않아 덜컹거린다. 모럴해저드가 극에 달한다.

　인명경시풍조도 만연하고 있다. 오직 물질만능의 시대로만 고속 질주한다. '돈, 돈만 있으면 만사해결이다' 라는 사고방식이 팽배해 있다. 책을 읽지 않는 국민으로 OECD국가 중 꼴찌다. 1년에 책 1권 읽지 않는 사람이 15%다. 이렇다 보니 정신이 메마르고 건조하다. 윤활유가 없는 기계처럼 소음과 잦은 고장을 일으킨다. 양극화 현상은 점점 심화되어 간다.

모든 젊은이가 돈만 쫓는다. 학문엔 관심 없고 취업에만 혈안이 되었다. 신이 내린 직장으로 일컬어지는 공무원, 공기업은 100대 1이 넘는 경쟁률이다. 아귀다툼이며 생지옥이다. 생계형 범죄도 판친다. 가치관의 변화만이 이런 심각한 문제들을 해결할 수 있다.

삶이란 무엇인가를 진지하게 고민하고 삶의 의미를 바로 세워야 한다. 돈이 있으면 귀신도 사귄다지만 그 돈이 목적이 되어서는 안 된다. 돈만 보고 쫓다 보면 발밑에 지뢰밭이 있을 수 있다.

책 읽는 국민, 독서하는 국민이 늘어야 만이 이런 문제들은 해결된다.

젊은이들이여! 가치관을 정립하라. 그대들이 학문에 정진할 때만이 우리의 미래가 있다. 돈을 노예로 만들어야지 돈의 노예가 되어서는 곤란하다. 세계의 0.1%밖에 안 되는 인구로 노벨상 수상자의 45%를 배출한 유대민족이다. 이것은 그들만의 '탈무드'라는 가정교육과 기독교정신에 입각한 학문에서 비롯되었음은 주지의 사실이다.

젊은이는 우리의 미래요 희망이다. 노인은 미지의 세계를 러셀하는 자들이다. 시차만 있을 뿐 젊은이들은 그 발자국을 그대로 따라간다. 노인은 폐기 처분될 대상도 아니며 천덕꾸러기가 돼서도 안 된다. 누구나 그 길을 간다. 그래서 조화로운 삶이 반드시 필요하다.

그 방법 중 하나가 '역지사지'(易之思之)다. 한 번쯤 입장 바꿔 생각 하면 만사해결이다. 대 전제를 '역지사지'에 맞추고 구체적인 스물여섯 가지에 대해 젊은이들에게 당부한다.

1. 누구나 늙는다는 사실을 알아야 한다 - 본인은 노인이 안 된다는 어처구니없는 생각을 버려야 한다. 어린이가 청년기를 맞듯 청년은 노년기를 맞는다. 젊음은 그냥 잠깐 스치는 바람이다

2. 노인도 한때는 펄펄 끓는 젊음이 있었다 - 노인들은 그 시절을 많이 그리워한다. 예민한 부분은 가능한 건드리지 말아야 한다

3. 젊을 땐 누구나 힘이 왕성하다 - 그래서 누구나 황소도, 호랑이도 잡았다고 한다

4. 젊을 땐 누구나 두뇌회전이 빠르다 - 새 차가 성능이 좋을 수밖에 없다. 30년 된 차가 언덕을 빠르게 오르지 못하는 것은 당연하다

5. 늙으면 기력과 기능이 떨어진다 - 늙으면 행동과 말이 어눌하고 둔하다

6. 늙으면 어린아이처럼 된다 - 몸과 마음이 모두 어린이와 같다

7. 노인을 윽박지르고 업신여기면 안 된다 - 그대도 곧 그렇게 되기 때문이다

8. 노인이 되면 누구나 초라하고 초췌하다 - 50대가 넘으

면 잘난 사람도 못난 사람도 없다. 지나치게 보잘것없는 존재로 여기지 마라

9. 노인의 이야기를 잘 경청하라—경험의 응축은 곧 진리다. 하나하나가 금과옥조다. 어른 이야기를 잘 들으면 자다가도 떡이 생긴다는 속담은 그래서 생긴 것이다

10. 소외감을 느끼지 않도록 배려해야 된다 – 노인은 외로움을 많이 탄다. 어디서건 제외 된다. 몸과 마음이 쇠잔한 상태다. 외로움마저 느낀다면 존재이유에 대해 고민하게 된다

11. 노인들의 침묵을 한번쯤 생각해 봐야 한다 – 나이가 들면 어린아이처럼 된다. 무엇이든 함께 참여하도록 하고 존재가치를 극대화시킨다. 자살의 전조 증상의 하나가 침묵이다. 항상 잘 살펴야 한다

12. 모든 노인이 컴퓨터(핸드폰)를 잘 다루지 못한다. 답답하다고 도리질하면 안 된다 – 머리와 손놀림이 둔해지며 시력도 떨어진다. 그 상태에서 잘 할 수 있겠는가

13. 각자의 인생이 있다. 노인을 자유롭게 하라 – 고생만 한 세대다. 1%의 보상이라도 따르게 해 주어야 한다

14. 노인을 소유하고 있는 재산(물질)으로 능력의 유무를

재단하지 마라 – 능력의 차이보다는 재수가 좋아 재산을 늘린 사람이 훨씬 많다. 능력의 유무를 따진다면 분통 터뜨릴 사람 많다. 소도 뒤 걸음 치다 쥐 잡는 경우가 있다. 물질의 다과가 능력의 유무로 비치면 억울해 한다. 능력 있고 청렴결백하며 강직한 성격의 소유자가 재산을 모을 수 없다

15. 부모는 자식을 만들고 자식은 부모를 만든다 – 역경 속에서도 성공한 사람의 예는 부지기수다. 일방적인 시혜나 수혜는 불공평하다. 시냇가 나무는 뿌리가 약하다. 모든 성공 뒤엔 시련이라는 보약이 있게 마련이다. 가난한 부모를 만났다 하더라도 부모를 원망하거나 탓하면 안 된다

17. '대단하다, 존경한다'는 얘기를 자주하라 – '내가 인생을 잘못 살지는 않았구나' 하며 매우 흡족해 한다. 대단히 듣고 싶어 하는 얘기 중 하나다

18. 노인에게 박수치고 칭찬해주라 – 칭찬은 고래도 춤추게 하고 핵무기보다 강한 힘이 있다. 칭찬에 인색하지 마라. 어린아이처럼 된 노인들은 더욱 그렇다

19. 가슴에 못 박는 언행을 삼가라 – 어떤 경우에도 가슴

에 대 못을 박으면 안 된다

20. 노인에게 다정다감 하라 - 무엇을 좋아하며, 하고 싶은 것은 무엇인지를 찾아내 곰살맞게 굴어라

21. 노인에게 예의범절을 잘 지켜라 - 지금의 노인들은 보수 성향이 매우 강하다. 예의 범절에 관한 한 매우 예민하다. 눈살 찌푸릴 일은 하지 말아야 된다. 대표적인 몇 가지 사례를 보면

    - 전철에서 옆 사람은 무시하고 다리 꼬고 앉는 것
    - 주변의 시선은 아랑곳 하지 않은 채 큰 소리로 전화하는 것
    - 진동으로 해야 함에도 요란한 핸드폰 소리를 내는 것
    - 주위 사람들은 안중에도 없고 지나친 애정표시 하는 것
    - 천연덕스럽게 거울을 보며 짙은 화장하는 것
    - 노인이 앞에 있는데도 태연하게 앉아 눈을 감고 자는 척하는 것

22. 기초 질서를 잘 지켜라 - 질서 의식이 너무 희박하다. 이런 무질서 의식이 환경을 더럽히고 생활에 불편을 초래한다. 반드시 고쳐져야 할 몇 가지 사례를 보면
    - 담배꽁초를 함부로 버린다. 그리고 차 속에 재떨이

용도는 무엇인지 묻고 싶다
- 보기 흉한 가래침을 길바닥 또는 전철 계단에 마구 뱉는 그대는 누구인가
- 대소변도 책임지지 못하며 애완견을 무슨 용도로 안고 다니는가
- 주차를 하면서 왜 상대방을 배려하지 않는가
- 자동차 방향 지시등은 왜 켜지 않는가
- 고속도로(전용도로 포함)에서 규정 속도 이하로 운행하면서 왜 1차선으로 주행하는가
- 에스컬레이터 왼편에 버티고 서 있는 이유가 무엇인가
- 좌측통행 화살표를 무시하고 왜 역 보행하는가
- 내가 만든 쓰레기는 내 집으로 가져가야 한다

23. 악 조건을 비관하지 마라 - 영양분이 지나치면 잎만 무성하다. 부모를 원망하지 마라. 부모 가슴은 찢어진다. 눈물 속에 피는 꽃이 더욱 아름답다
24. 사냥이 끝났다고 사냥개를 죽이면 안 된다 - 생명이 끝나는 날까지 효를 행하라. 같은 상황이 똑 같이 이어지기 때문이다

25. 성 쌓고 남은 돌로 취급하지 마라 - 지혜롭게 쓰임새를 찾으면 찾아진다
26. 늙은 고양이가 쥐는 잡지 못해도 집은 지킨다 - 할 일을 찾아라, 할 일이 분명 있다